宇宙を解説 百言葉

悩みが
100%消える
「ものの見方」

小林正観
Seikan Kobayashi

イースト・プレス

宇宙を解説

百言葉

悩みが100%消える
「ものの見方」

小林正観

はじめに

力を抜いて穏やかに生きる人生

こうしてまとめてみると、ずいぶんたくさんの「言葉」を書いてきたなあ、との実感でした。当初から「言葉の意味を詳しく知りたい」とか「解説が欲しい」などの要望があったのですが、忙しさにまぎれてなかなかつくることができませんでした。**長年の課題であった「宇宙の構造や仕組み」についての私なりの解釈を解説することになったのがこの本です。**

当然のことながら、いつも十分な時間があるわけではありません。絵葉書なら絵葉書の言葉を、いますぐ考える必要に迫られているときがあります。カレンダーの言葉を待っているので早く、という状況もしばしばでした。

カレンダーの場合、時期がちょうど重なることもあって、東京から成田《なりた》空港への特急電車の中で考え、書き、空港から送る、ということが何回もありました。

そうした、時間に追われているときにこそ、いろいろな言葉が次々に出てくるというのがとても不思議です。長い文章を書く、例えば本を1冊書く、などというときは、落ち着いた、まとまった時間が必要です。それに対し、こういう短い「言葉」は使う脳細胞が違うのかもしれません。

ですから、これら短い「言葉」を生み出す作業は、普段使っていない脳細胞を刺激していたようで、私自身にとってもとても楽しいものでした。

40年ほどの社会観察、人間観察を経て、「どうもこういうふうになっているみたいだ」というものがベースになっています。「人生のとらえ方のひとつの提案」ととっていただければ幸いです。

こんな言葉で誰かが少しでも楽に生きられるようになったら私も幸せです。頑張れ頑張れの人生から、力を抜いて穏やかに生きる人生へ。

気が向いたら、何気なくどこかの頁《ページ》を開いてみてください。その日その時に最適の言葉が目に飛び込んでくるかもしれません。

小林正観《こばやしせいかん》

宇宙を解説 百言葉 ——悩みが100%消える「ものの見方」

【もくじ】

〇〇6 ありがとう。あたりまえこそ ありがとう。

〇〇7 ありがとう1千回でつぎつぎの奇跡。ありがとう1万回でたくさんの奇跡。
奇跡が多すぎてうれしくて、またまた言ってしまう「ありがとう」。

〇〇8 ありがとう。何があっても ありがとう。何がなくても ありがとう。

〇〇9 ありがとう。やっぱり終わりは 感謝よね。

〇1〇 「いつも」の3原則。
いつも考えていなさい。いつも良い仲間を持っていなさい。
いつも実践しなさい。

〇11 今の自分が本当の自分。そとにはいない 本当の自分。

〇12 今、目の前の人が大事。目の前の人が最も大事。目の前のすべての人が大事。
「大事な人」ばかりなので、「大事じゃない人」はいない。
ゆえに、すべての人が「大事な人」。

〇13 〝イライラする私〟が生まれたときに、〝イライラさせる人〟が生まれました。
〝イライラする私〟がいなければ、〝イライラさせる人〟はいないのですね。

014　宇宙はとても不公平。　宇宙はすごく不平等。
「不幸」を言う人は寄り集い、互いの「不幸」を増やし合う。
「幸せ」を言う人は寄り集い、互いの「幸せ」を増やし合う。
「不幸」は「不幸」を呼び、「幸せ」は「幸せ」を生み増やす。

015　生まれ難き人界に生まれた喜び

016　生まれてきてよかった。あなたに会えてよかった。
私が私でよかった。　あなたがあなたでよかった。

017　生まれてきてよかった。　楽しい人生でよかった。

018　運が良いとか悪いとか、人は、ときどき口にするけど、
そういうことって、ありそうだけど　運の良し悪《あ》しありません。

019　笑顔が笑顔を連れてくる。　また笑っちゃう。

020　思いどおりにしようと思うと、思いどおりにならずに苦しみ悩む。
目の前のことをありのままに受け入れると、楽になる。

021　おかげさま。　影のように寄り添っている何者か。　おかげさま。　おかげさま。

022　抱え込んでいる体は重い。抱え込んでいる気持ちも重い。
「思い」が重い、人の性《さが》。

023　過去が積み重なって現在に至ったこと、過去のすべてに感謝すること。
すべての「因」に感謝する「心」が「恩」。

024　「我慢」の源は「我《われ》の慢心」。
「我慢」（我の慢心）なければ「我慢」（忍耐・辛抱）なし。
たいしたものではない自分。

025　神・仏から見ると、人の世界は逆さま劇場。
信じ込んでいることを逆さにして見るおもしろさ。
〝正義の戦い〟より、〝不正義な平穏〟のほうが、宇宙にとっては正義かも。

026　感謝される。喜ばれる。それが一番の幸せ、一番の喜び。
「ほかの存在から喜ばれる存在」になること、
それが魂（エクサピーコ）のプログラム。

027　感謝と笑顔と賞賛と。元気をくださり　与える3つ。

028 「頑張る人」は人並みにはなれる。「頑張らない人」は「天才」になる可能性がある。

029 きそわない。くらべない。あらそわない。私は私。

030 今日「幸せ」と思えば、昨日までの「不幸」もすべて「幸せ」になる。今日「不幸」と思えば、昨日までの「幸せ」もすべて「不幸」になる。オセロゲームに似ている。

031 「今日」は2つの「特別日」。過去の人生最後の日。楽しい未来の最初の日。

032 空腹だと、おいしい。悲しいことがあると、喜びが大きい。では、その「悲しいこと」に感謝したくなりますね。

033 愚痴 泣き言も 悪口も、ありがとうも 喜びも、言った数だけ降ってくる。

034 雲が選んだ山 山が選んだ雲 偶然でない二人

０３５　弦も神経も、弾《はじ》かれて、張っているとき響きます。
張っていないと痛くない。　ゆるんだ弦の楽なこと。

０３６　「こうでなきゃ嫌だ」と思ったら、待っているものは「嫌だ」か「ゼロ」。
「こうなると楽しい」と思ったら、待っているものは「楽しい」か「ゼロ」。

０３７　こうでなければならない、ああでなければ嫌だ、と思って始まる苦悩。
こうなったらうれしい、ああなったら楽しい、と思って実現する不思議、
訪れる奇跡。

０３８　「幸」も「不幸」も存在しない。　そう思う自分の心があるだけ。

０３９　この世に生まれた目的は、「喜ばれる存在になること」。
「喜ばれる存在」の喜びは、「自分が喜ぶ」喜びとは比べられない大きさ。

０４０　この世の出会いはすべて〝必然〟。
「はじめまして」は「お久し振り」、
そして「やっと会えましたね」。

041　この世は観音さまのあそび場所　仏さまのあそび場所

042　子に感謝されたら、親はもっと、してあげたくなる。
「子」に感謝されたら、神はもっと、してあげたくなる。

043　災難に遭いそうになったら、遭う。
病気になりそうになったら、なる。
死にそうになったら、死ぬ。
それが災難よけの最良の方法。——良寛《りょうかん》和尚の言葉——

044　座禅・瞑想《めいそう》、学んだあとは、さらなる道場、日常に。

045　悟るためには3秒。
過去のすべてを受け入れる。
現在のすべてを受け入れる。
未来のすべてを受け入れる。
受け入れると自分が楽になる。「受け入れる」ことが「悟る」こと。

046　悟るとは　受け入れること。　悟りとは　笑うこと。

047　自分で自分が好き150％なら、他人を好きになる割合も、150％。
同じ割合で〝神〟を好きになるみたいだ。

048　自分で自分を好きな人は、心身ともに健康でいる。
自分で自分を嫌いな人は、心身ともに病みやすい。
自分で自分を好きになると、心身ともに健康になる。

049　邪心に野心に下心、損得勘定あってもよろし。
どんなに良いこと知ってはいても、やらねば何も、知らぬと同じ。

050　上流に向かって漕《こ》ぐ人は、逆らっている。
下流に向かって漕ぐ人は、焦っている。
逆らわず、焦らずのときは、ものごとがよく運ぶ。　自然に流れていく。

051　人生はすべて自分の設計。　歩んだ道はすべてがベスト、ベストの選択。
「回り道」も「無駄」もなく、「恨む相手」も存在しない自信作。

052　人生は人との出会いの積み重ね。
「運命」は人が運んでくる「私の命」。

053　「仁」とは「人二人（ひとふたり）」。
そばにいること。近くにいること。
いつも、あなたのそばにいます。

054　すべてがあなたにちょうどいい。
父母も子も、夫も妻も兄弟も。上司も部下も友人も。
すべてがあなたにちょうどいい。
——釈迦《しゃか》の言葉——

055　すべての人が超能力者。
だから、超能力者はいる。だから、超能力者はいない。
どちらの言葉も同じこと。

056　「正義感」や「使命感」。「カン」は振り回さずにゴミ箱へ。

057　生前、今生《こんじょう》のシナリオを描いた〝魂〟が、今、私の体の中にいます。
必ずシナリオどおりに選択している私。

058　そうじ　わらい　かんしゃ　の実践。神さまが大好きな3つ。

059 「そうではない」「違う」「嫌だ」。
「非《あら》ず」と思う「心」が「悲」。

「非ず」の「心」が、「悲しみ」を生んでいる。

060 大変なときは　自分が大きく変わるとき。　変われるとき。

061 対面《たいめん》同席《どうせき》五《ご》百生《ひゃくしょう》。
対面同席する人は、人生を最低五百回一緒しているとか。
ずいぶん長いおつき合いに、感謝です。

062 他人を責めず　自分を責めず　ただただ笑って生きる

063 誰も来訪しない「世捨て人」は、誰も来訪しない「世捨てられ人」。
必ず誰かが訪れて「世捨て人」になれない人。
「人」の「間」で生きている人間。

064 「使われる命」が「使命」。
「天」によって「つかわれる」私の命。
真ん中の「わ」（和。宇宙との調和）を拒否すると「つか（疲）れる」。

065 頼みやすい人、頼みにくい人。
頼みやすい人でいるのは、ちょっとおしゃれ。

066 地球が味方 宇宙が味方 神さまが味方 みんなが味方 みんなの味方

067 手を放せば自由。
捕らわれているのではなく つかみ続けて不自由な私。

068 努力しつつ、宇宙に呪いを言う人は、宇宙を敵にし、自分だけで闘っている。
努力せずとも、宇宙に感謝を言う人は、宇宙を味方に、宇宙とともに生きている。

069 泥の中から花が咲く。 泥が濃いほどみごとに咲く。
悩みが濃いほど大きな〝悟り〟。

070 どんなものにも無限の価値。 どんな人にも無限の価値。

071 投げかけたものが返ってくる。 愛すれば愛される。 愛さなければ愛されない。

072 投げかけたものが返ってくる。 投げかけないものは返らない。

073　「投げかけ貯金」の報酬は、「お金」か「パワー」か、好きに選べる。
使うとなくなる「お金」の貯金、
人脈展開、「パワー」の貯金。

074　7つの幸せの言葉
うれしい　楽しい　幸せ　愛してる　大好き　ありがとう　ついてる

075　肉体の死と存在の死。
「存在」が語り継がれる間は、その人は死なない。
「その人の存在」は笑顔など「与えたもの」に残る。

076　半分「しかない」水。
半分「もあってうれしい」水。
半分「も残してくださってありがたい」水。

077　人に「うれしい・たのしい・しあわせ」と喜ばれ、
自分も「う・た・し」と思えるように。

078　物質世界と精神世界を融合させるキーワード、「実践」。

079 迷ったとき、風が吹いていますか。川が流れていますか。
「風」と「流れ」が答えを示しています。それに従う「風流《ふうりゅう》」な人。

080 周りの評価で一喜一憂するからすぐ落ち込んで、すぐ有頂天になる。
以上でも以下でもない私。

081 「未熟な私」が人を傷つけたときは、その倍の〝投げかけ〟をしましょう。
「未熟な私」が迷惑をかけたときは、その倍の〝投げかけ〟をしましょう。
「未熟な私」の「倍投《ばいな》げ」を、宇宙はきっと喜んでいます。

082 皆が好意的ならうぬぼれてダメになる。
皆が批判的なら萎縮してダメになる。
自分を最も向上させてくれる、好意50%、批判50%。

083 「迷惑かけずに生きる」より 手を合わせての「ありがとう」

084 恵まれている人は、なんでもあたりまえなので不満が多くなる。
恵まれていない人は、なんでもありがたいので感謝が多くなる。

085　もう十分やってきたのだから、
「まだまだ」「もっともっと」はしばらくお休み。
「よくやってきたね」「頑張ってきたね」と言われれば、体も心も元気になります。

086　もともと心は鏡のような湖。平らで静かで穏やかだ。
心に波が「起こる」のが、「怒る」。
心に波が「起こらない」のが、「怒らない」。

087　求め探して手に入れる前半生、
放して捨てていくだけの後半生。
捨てるほどに軽くなる。

088　厄年《やくどし》に乾杯。
笑顔を元気「薬《やく》」に、人の「役《やく》」に立ち、質素倹「約《やく》」し、
人の優しさを「訳《やく》」して、明るい未来に飛「躍《やく》」する年。

089　山も海も雲も岩も、みんな、喜ばれるために存在している。
植物、動物、人間も、喜ばれるために存在している。
地球上のすべてのものが、喜ばれるために存在している。

090 許せば戻る、笑顔と眠り。前にも増して爽快、元気。
許して最も「得する」自分。相手を許す「徳」が「得」。

091 世のため人のために働く人を喜ばせたい。応援したい。
神さまの立場としては　そう考えるでしょうね、きっと。

092 世の中を　暗い暗いと嘆くより　自ら光って　その闇照らそう

093 「喜ばれる存在になる事」にお仕えするのが「仕事」。
「はた」(周囲)を楽にするのが「働く」(はたらく)こと。

094 喜びは「日常」の中に。
幸せは「日常」の中に。
すべては「日常」の中に。

095 喜んでいるあなたを喜んでいる私。
喜んでいる私を喜んでくれるあなた。
喜ぶだけで徳を積む、随喜功徳《ずいきくどく》。

001

当たり前の幸せが　当たり前じゃない幸せ。

宇宙から頂いたメッセージの中に、「何も起きていない瞬間の連続が、宇宙からの最大の贈り物である」というものがあります。宇宙からの贈り物とは、自分の思いどおりになったり、楽しいことが起きたりすることではなく、何も起きない「普通の生活」を淡々と送れることであるようです。

私たちは、目が見えること、歩けること、話せること、耳が聞こえること、など、普段から当たり前と思っていることには感謝をせず、それ以外のことを「これが足りない」「あれが欲しい」と望んではいないでしょうか。

英語で「現在」のことをPresentといいます。「贈り物」もPresent（プレゼント）といいます。**当たり前のことが淡々と起きている「現在」は、宇宙からのかけがえのない「プレゼント」の連続なのではないでしょうか。**それがわかると、何も起きないことが最高の幸せであり、感謝する対象は「何もない日々」であることがわかるでしょう。

願いごとを特定している場合は、ありがとうを言っていても、その望みはなかなか叶《かな》えられません。ほかにたくさんの恵みを降らせているのに、それには感謝をせずに「まだ足りない」と文句を言っているからです。**自分の置かれている状況に感謝し、無心で言っていると、宇宙は「喜ばせてあげようかな」と思って、何かを起こしてくれるようです。**

002

暑かったから　さわやか。
寒かったから　あたたか。
幸と不幸はワンセット。

年間を通じて気温も湿度も一定のところに住んでいたとしたら、「暑い」「寒い」、「涼しい」「蒸し暑い」などの言葉は存在しないでしょう。言葉というのは、その言葉と対立する概念がないと生まれないからです。「白」という現象があるから「黒」という認識ができる。「幸」と「不幸」という言葉も同じです。病気や事故、災難、トラブルなどに遭ったり、子どもを早くに亡くしたりした人は、そのような**「不幸」があったからこそ、何もない穏やかな日々が送れることを「幸せ」だと思い、感謝することができます。**

幸と不幸は生卵のような構造です。卵の黄身を「幸」、白身を「不幸」だとすると、「幸」は「不幸」を通り過ぎたところにしか存在しない。卵を器に割り入れれば、白身と黄身は分離していますが、一度混ぜたらみごとに溶け合って、もう分けることはできません。それは、黄身も白身も（つまり幸も不幸も）本質は同じものだから完全に混ざり合ってしまうのです。

「幸」も「不幸」も宇宙現象としては存在しません。ただ私たちが現象に色をつけて見ているだけ。「不幸」な出来事によるダメージが大きいほど、そのあとにやってくる「幸せ」も大きいものです。「幸」と「不幸」は必ずワンセットになっています。

003

あなたがこの世に生まれてくれて
ありがとう。
誕生祝いは感謝祭。

「誕生日おめでとう」と言われて、「別におめでたくもない」とか「またひとつ年をとっただけでうれしくない」とか、そのように思う方もいるかもしれません。でも、誕生祝いの本当の意味を知ったら、感じ方が変わってくるのではないでしょうか。

誕生祝いの本当の意味とは、「あなたがこの世に生まれてくれて、ありがとう」ということです。「あなたがいてくれたおかげで、どれほど幸せで、楽しく、豊かな時間を過ごすことができたかわからない。この時代に共に生きていてくれて、ありがとう」ということです。つまり誕生祝いは〝感謝祭〟。

それを知ったら、いくら照れがあったとしても「別にうれしくない」とか「誕生日なんて祝ってもらわなくてもいい」などとは思わなくなるでしょう。「あなたがこの世に生まれてくれて、ありがとう」と言われて、うれしくない人などいないでしょうから。

誕生日にはもうひとつの側面があって、それは母親が命をかけて産んでくれたこと、そのことに対して感謝をする日でもあります。

誕生日は年に一度ですが、「生まれてくれて、ありがとう」と365日毎日言われたら、どんなに幸せでしょう。**「誕生祝い」の何気ないひと言は、生き方について考えさせてくれる深い言葉なのかもしれません。**

004

「あなたが好き」と言われたら
味方になるでしょう　神さまだって。

宇宙に向かってこう言ったとします。「私はあなた方のやることが、すべて気に入らなくて仕方ないのです」と。すると、宇宙はにっこり笑って「わかりました。では、これからはかかわらないようにします」と言います。

その反対に、「**私はあなた方のやることがすべてありがたくて、うれしくて、楽しくて仕方ないのです。だからこれからもよろしくおつき合いのほどお願いします**」と言ったとすると、宇宙は「これからもよろしくおつき合いください」と答えます。

人間でもそうでしょう。「あなたの為《な》すことがすべて気に入らない」と言っていたら、言われた人は去っていくでしょう。その反対に、あなたのことが好きで仕方ないと言われたら、きっと味方になるでしょう。それが宇宙の摂理です。

宇宙は、自分の味方でない人に対して敵に回ることはありません。宇宙は寛大で寛容なので、嫌がらせをしたり罰を与えたりはしません。ただ味方をしないだけ。その場合は、私たちは自分の力だけで生きていかなければなりません。

一方、**宇宙が味方になってくれたときは、ありとあらゆることが簡単にスムーズに流れるようになります。**否定的な言葉を使うのは一切やめて、すべてのことに対して肯定的で喜びと感謝に満ちた言葉を投げかけていくと、宇宙は微笑《ほほえ》んでくれるようです。

005

雨が当たり前。
すると、晴れてうれしい。
思いどおりにならなくて当たり前。
すると、願いが叶《かな》ってうれしい。
喜びを上乗せするだけの３６５日。

「雨が降るのが当たり前」だと思っていると、曇りのときはちょっとうれしく、晴れのときはとてもうれしくなります。逆に、「晴れるのが当たり前だ」とすると、曇りだと「つまらない、嫌だ」と思い、雨が降ったら「もっと嫌だ、とっても嫌だ」というレベルになるでしょう。

目の前のことがすべて思いどおりにならなければ嫌だと思っていると、「嫌だ」か「当たり前だ」しか来ないのです。逆に、思いどおりにならなくて当たり前と思っていると、思いどおりにならなかったときは「ゼロ」（当たり前）で、**少しでも自分の思いどおりになったときには、「うれしい、楽しい、ありがたい」と感謝できることになります。**

このような心の置きようが実現できたときには、人生がとても楽しく明るいものになるのではないでしょうか。

何が当たり前で、何がうれしくて、何がありがたいのか。この3つの心の置き所というのをよく考えてみてください。晴れることが当たり前であったならば、曇りや雨はつらいものになり、雨が当たり前ならば、曇りや晴れることはとてもうれしいことであり、感謝できる。**自分の心の原点・水準ラインによって、それほど私たちのとらえるものがひとつひとつ変わっていくのです。**

006

ありがとう。
あたりまえこそ　ありがとう。

講演会のあとで、こんな話をされた方がおられました。

夫は長距離トラックの運転手で、自分は看護師をしているので、週に2日は夜は子どもたちだけで留守番をしている。泥棒や火事が心配なので、どちらかが仕事をやめたほうがいいだろうか、というものでした。ただ、住宅ローンを返しているのでどちらも簡単にはやめられない、といいます。これまでお子さんたちだけで留守番をした日は、3年間で300日を超えているということでした。

「では、その300日が無事だったことに対して、神さまに感謝をしたことがありますか」と尋ねると、その方はいきなり泣き出しました。そのようなことは考えもしなかったし、感謝をしたこともなかったそうです。「今日から手を合わせて感謝します。帰ったら子どもたちを思い切り抱きしめてあげたい」と言われました。

当たり前だと思っていることが、実は当たり前ではないのです。何事も起きず平穏無事に過ごせることが、どれだけ奇跡的なことか——。そのことには感謝せずに心配ばかりしていると、宇宙はさびしくむなしい思いをするようです。

宇宙は感謝をされなくても私たちに罰を与えたりはしませんが、「それなら自分で勝手にやれば」と言って、味方をしてくれなくなるのかもしれません。

007

ありがとう1千回でつぎつぎの奇跡。
ありがとう1万回でたくさんの奇跡。
奇跡が多すぎてうれしくて、
またまた言ってしまう「ありがとう」。

「自分が発した言葉のエネルギーは、自らが受けとることになる」というのが宇宙の原理です。まず先に言葉があり、それがもとになってすべての現象が起きている。

ですから**「ありがとう」をたくさん言っている人には、「ありがとう」と言いたくなるようなことが次から次へと起きてくることになります。**

「ありがとう」のすごいところは、心を込めなくても効果が変わらないということ。

初めのうちは心を込めていなくても、続けて言っているうちにあまりにもおもしろい現象がたくさん起きてくるので、今度は本当に心から「ありがとう」を言い、自分も周りから「ありがとう」と言われるような行動をしたくなります。それがずっと繰り返され、もう「ありがとう」という言葉しか出てこないような人生を送ることになる——というのが宇宙の仕組みのようです。

「ありがとう」はもともと、神のなせる業に対して賞賛し、感謝する言葉ですから、発した「ありがとう」はすべて神のもとでカウントされ、それが一定の数に達すると、自分のところに現象となって届けられる、という仕組みになっているらしい。

そして、**その現象化するスピードというのは、自分自身が言った「ありがとう」の回数にプラスして、人から言われた回数が多ければ多いほど、早くなっているようです。**

008

ありがとう。
何があっても　ありがとう。
何がなくても　ありがとう。

自分の勤めている会社の人たちが皆、不平不満・愚痴・泣き言・悪口・文句ばかりを言うような人であったなら、ついていると思ってください。あなたがその職場を劇的に変えられるチャンスだからです。

「ありがとう」という言葉は、何かをしてもらったときだけに言うものではありません。何もないときに言うのが本質です。

上司にお茶を入れたときに「お茶をどうぞ」と言って出すのは20世紀の古いやり方。21世紀は「お茶をどうぞ。ありがとうございました」と言うのです。初めのうちはその上司は何も言わないかもしれませんが、何回か続けているうちに、小さな声で「ありがとう」と言うようになります。そのときに反応して「え？」と言ってはいけません。聞こえないふりをしてそのまま部屋を出るのです。

そのように何回も続けていくと、上司の「ありがとう」という声もだんだん大きくなり、5回目くらいからははっきりと聞き取れるようになるでしょう。そうしたら、初めて「いいえ、こちらこそ」と何気なく言うことにしましょう。

自分が明るい〝太陽〟になって「ありがとう」の言葉を投げかけることで、周りの人が変わっていく。「ありがとう」にはそのような不思議な力が宿っているのです。

009

ありがとう。
やっぱり終わりは　感謝よね。

神社や仏閣は一般的には「願いごと」をするところと思われていますが、**本来のお参りとは、願いごとはせず、ただ「ありがとう」とお礼を言うことでした。**

毎日の出来事はすべて神の承諾のもとに起きています。ですから、「こうでなければ嫌だ」と思ったり「望みや夢を叶えて」と言ったりすることは、神を否定していることになります。

人生で出会うすべての人に「ありがとう」を言っていると人間関係が変わってきます。その人の顔を見なくてもいいから、**「私の心を広くしてくださる方だから、あなたが目の前にいてくれて、ありがとう」とひたすら言っていると、相手は穏やかに接してくれるようになります。**それは、神が味方をしてくれるからです。周りの人を否定してつくり変えようとしている間は、神は味方をしてくれませんから、その人との関係は変わらないでしょう。

気に入ったことだけを肯定するのは「ありがとう」の本質ではありません。**目の前の人や現象のすべてを肯定することが「ありがとう」の本当の意味です。**

自分の力で何かをするよりも、周りのすべてに対して「ありがとう」と言い、神を味方につけたほうが、ずっと楽で、楽しく、幸せな人生を送れるのではないでしょうか。

010

「いつも」の3原則。
いつも考えていなさい。
いつも良い仲間を持っていなさい。
いつも実践しなさい。

私たちが生きる上で大切なのは、いつも**「どうしたら周りの人たちから喜ばれるか」「今、目の前の人や社会に対して何ができるのか」**を考え実践していくこと、そして、良い仲間を持っていることだと思います。

「友」というものは、近い年代で、同じような趣味を持ち、同じような音楽を聴き、同じような遊びに関心がある人、というように考えがちですが、それは狭い意味でとらえているからでしょう。

本来の「友」とは、遊び仲間というようなものではなく、「こんなことを感じた」「こんなふうに思った」ということを語り合うことで、人生上の悩み・苦しみを少しでも軽減してくれるような「気づきを与えてくれる人」。そしてその友に喜ばれ、その人が笑顔になってくれると自分もうれしいと感じる、そういう関係なのではないでしょうか。年齢が離れていようが、男女であろうが、関係ありません。

それは同時に、自分もそういう存在になることが「良い友」と言われる条件ということになります。

お互いのことを深く思いやり、喜びや気づきを与え合うことができる存在、そういう仲間こそが真の「友」といえそうです。

011

今の自分が本当の自分。
そとにはいない　本当の自分。

「本当の自分は、こうではない」と言って、「自分探し」を続けている人がいます。

では、「本当の自分」はどこにいるのでしょう。

本当の自分は「今の自分」でしかありません。「何か天命や使命があるはずだ」と言うのは、目の前にあることを誠実にやっていないということ。

この仕事は自分に合わないからという理由で会社をやめ続ける人は、自分が社長にならない限り、永久に会社をやめ続けることになります。

１００人中の80人を好きになれない人は、出会う人の80％が嫌いです。世の中のことの80％を嫌だと思っている人は、頼まれたことの80％を嫌なことだと思うでしょう。

人から嫌なことを頼まれたらどうするのですか、と質問されることがありますが、初めから「嫌なことを頼まれる」と想定している本人に問題があるのです。

１００％のことを好きだと思えたら、どんな人と会っても、どんなことを頼まれてもよいわけで、人生がとても楽で楽しいものになります。

頼まれたことを嫌々やるか、できる範囲で楽しくやるかで、結果が大きく違ってくるのです。

012

今、目の前の人が大事。
目の前の人が最も大事。
目の前のすべての人が大事。
「大事な人」ばかりなので、
「大事じゃない人」はいない。
ゆえに、すべての人が「大事な人」。

無職の人が職を探したいときは、求人雑誌を探さず、友人たち20人ほどに頼んでおきます。そして、**来た仕事は皿洗いだろうがなんだろうが、笑顔でただひたすら誠実にやり続けると、道が開けます。**「好きな仕事じゃない」と、より好みをしている人には、「着手」がないので、何も始まらない。

「運は動より生ず」なのです。この言葉が「運動」のもとですが、とにかく「着手」し、頼まれた（与えられた、宇宙からやってきた）ことをやり続けること。初めから「理想の仕事」に出会う人などほとんどいません。まずは「動」を始めることです。

また、弁護士や税理士などの専門家が必要になったときは、電話帳などで探さずに、「いい弁護士知らない？」と友人10人に電話してみる。良い友人を持っている人には良い弁護士が紹介されます。

結局は、どれほど良い友人を持っているか、ということ。それには、自分の日常生活が大きくかかわってきます。目の前のすべての人を大事にし、誠実に生きることは、生き方の王道です。**一度約束をしたことは絶対に守る。できそうもないことは引き受けない。成績を上げなくてもいいから誠実にこなしていく。**そのように生きていれば、自然に良い友人たちに囲まれることになります。

013

〝イライラする私〟が生まれたときに、
〝イライラさせる人〟が生まれました。
〝イライラする私〟がいなければ、
〝イライラさせる人〟はいないのですね。

ある人が目の前に現れたとします。何かを言ったり、したりしたときに、その人に対して自分が何も感じなかったとすると、その人は「イライラさせる人」でしょうか。

もちろん、違いますね。

では、その同じ人に対して自分が「イライラ」を感じたとすると、その人は「イライラさせる人」でしょうか。

「そうです」と答えたくなるかもしれませんが、よく考えてみましょう。同じ人であるのに、初めに「私」が何も感じなかったときは、その人は「イライラさせる人」ではなかったはずです。**「イライラする私」がいて初めて「イライラさせる人」が生まれたのです。**

イライラすると、次にまたイライラしてしまう現象が起きます。それが宇宙の法則です。

イライラしたくない人は、自分の見方を変えること。これが一番早い解決法です。

考え方や置かれた環境、背負っているものは人によって皆違います。自分の考えと合わなくても、こういう考えの人もいるよね、何かその人にも理由や事情があるのかもしれない、と、**その人をそっくり受け入れることができたら、イライラする回数も減ってくるのではないでしょうか。**そしてそのうちに、「気にしないようにしている」状態から「気にならない」状態になり、穏やかな気持ちになって「得」をするのは自分なのです。

014

宇宙はとても不公平。
宇宙はすごく不平等。
「不幸」を言う人は寄り集い、
互いの「不幸」を増やし合う。
「幸せ」を言う人は寄り集い、
互いの「幸せ」を増やし合う。
「不幸」は「不幸」を呼び、
「幸せ」は「幸せ」を生み増やす。

「類は友を呼ぶ」という言葉があります。

「こんなに不幸なことがあった」「世の中が暗い」「毎日がつまらない」というようなことを訴えかけている人は、そういう仲間同士で集まり、同じ話題で盛り上がります。

一方、そういう考え方をしない人は、暗い話や楽しくない話は聞きたくありませんから、そちらには寄っていかなくなります。

その結果、「不幸だ」「つまらない」と言っている人たちは、そういう人ばかりが集まって暗い話をし、**「人生は自分の取り方次第だ。自分が楽しいと思えば楽しいし、幸せだと思えば幸せだ」と思っている人たちは、そういう人だけで集まって話をしていくので、いつも明るく楽しい集まりになります。**

自分が投げかけた「幸せ」や「不幸」の種が自分に返ってきているのです。

自分からは言わないけれども、人が話す悪口や噂話《うわさばなし》につき合ってしまう場合があります。

しかし、これも自分が引き寄せていることかもしれません。そのようなときは、おもしろい話題や情報が豊富にあれば、相手に反論することもなく、さらりと話題を切り替えることができます。

自分が変わることで、その場は豊かで楽しい集まりに変わっていくことでしょう。

015

生まれ難き人界に生まれた喜び

仏教の言葉に「生まれ難き人界に生まれしを喜ぶ」というものがあります。人間界に生まれ落ちただけで喜ばしいという意味です。

実は私たちの魂というのは、人間に入る前に何十万回と生まれ変わりを繰り返しています。初めは石などの鉱物に入り、10万回の生まれ変わりを経験します。「自分が動物や人間になったときは喜ばれる存在になるぞ」と固く決意をしながら鉱物としての学習をし、その10万回が終わると今度は植物に入るそうです。植物の10万回が終わると、動物の10万回があり、その次に空の雲になり、やはり10万回経験をしたあと、やっと人間として生まれ変わるのです。

ある人の話では、地表から10～80㎞の上空に550億もの魂たちが「人間に生まれたい」と思いながら順番を待っているそうですが、**私たちは「いろいろ修行しなければいけないので、先に行かせてください」とお願いし、ほかの魂たちが承諾して送り出してくれて、この世に誕生することができたのです。**

ですから、そこで「不平不満、愚痴、泣き言、悪口、文句」を言うと、とてももったいないことをしていることになります。「順番を譲ってあげたのに、そんなに言うなら早く替わって」という声が聞こえてきそうです。

016

生まれてきてよかった。
あなたに会えてよかった。
私が私でよかった。
あなたがあなたでよかった。

人間の価値とは、どういうものでしょうか。

私たちは子どものころから「目標に向かって努力をすること」を教えられ、「努力をしない人間は価値がない」と思い込まされてきました。一般的には、努力をして何か偉業を成し遂げたり、成績を上げたりすることが良いことのように思われていますし、確かにそれも尊い才能だと思います。

しかし、本当でしょうか。

何かの目標設定をして努力をしたり頑張ったりしなくても、**その人が存在していること、その人がその人であることが、周りの人を優しくし、明るくし、笑顔にし、ものすごく幸せにする、ということもあります。**

努力が好きだ、という人がいますが、もともと「努力」とは「無理やり嫌なことをやらされること」という意味でした。だから、「努力」は心も体も壊すのです。

人間の価値というのは、実に多様に存在しています。基本的にどのような形でもいい。一人一人、そこに存在してくださっていること自体が奇跡であり、感謝の対象です。

ずば抜けた能力を持っていなくても、特別な功績など残さなくてもいいから、**ただそこに、あなたがあなたでいてくれるだけで十分なのです。**

017

生まれてきてよかった。
楽しい人生でよかった。

臨死体験の経験がある人たちの話によると、肉体が死んであの世に行くとき、私たちは神さまから「あなたはどれだけ人生を楽しんできたか」と問われるのだそうです。

私たちが今この世に生きているというのは、魂が「体」という着ぐるみを着ている状態です。体を維持するためには、食べたり、飲んだり、寝たりしなければいけませんし、「戦うと壊れる」というプログラムが内蔵されているので、ストレスがたまって病気になることもあり、管理するのは意外と手がかかります。また、私たちは人の心が読めないので、あれこれ気をもんだり、行きたいと思った瞬間にその場に行ったりすることもできません。

しかし、**その肉体の制約があるからこそ味わえる楽しみもあります。**人と握手をしたり、抱き合ったり、ものを食べておいしさを感じたり、病気をすることで人の温かさや優しさを感じることもできる……。

私たちは肉体を持って生きることと、魂だけで生きることと、両方を同時に味わうことはできません。どちらが良いかは比べられないし、考える意味もないでしょう。私たちはただベルトコンベアに乗って、この世とあの世を交互に生きている存在だからです。

それならば、**今生《こんじょう》は今生でしか経験できないことをすべて味わい、自分の存在が周りから喜ばれるように、思い切り楽しんで生きることにしませんか。**

018

運が良いとか悪いとか、
人は、ときどき口にするけど、
そういうことって、ありそうだけど
運の良し悪《あ》しありません。

会社の倒産、リストラ、病気、交通事故などの出来事が起きて、「なんて自分は運が悪いのだろう」と思ったことは誰にでもあるかもしれません。しかし宇宙的に見ると、それは狭い考え方だということがわかります。

実は、**宇宙は「この人はすごくおもしろい人だから、特別な〝幸せ〟をあげよう」と思って、一般的にいう苦労や挫折を与えているようです。**

時計の振り子を使って説明しましょう。今、振り子が6時の位置にあるとして、それを9時の位置に持っていこうとするとき、宇宙はどのようにするか。実は、反対方向の3時の位置まで持っていき、そこで手を放すのです。振り子は6時を通り過ぎて9時の位置まで行きます。初めの6時から3時まで引っ張られている間が、一般的に苦労とか不幸と呼ばれるものです。そのときに、不平不満・愚痴・泣き言・悪口・文句（これらを「五戒《ごかい》」といいます）を口にしないかどうかを、宇宙から問われているのです。

6時の位置にある振り子を5時まで引っ張っても、7時の位置までしか行きません。大きく引っ張られた人は、その分と同じ大きさのエネルギーを頂くことになります。

ですから、「苦労の多い人生じゃないか」と評価・論評する必要はありません。**「五戒」を言わず笑顔で乗り越えることができれば、同じ大きさの「ご褒美」が待っています。**

019

笑顔が笑顔を連れてくる。
また笑っちゃう。

「こんなに大変なことがあって苦労ばかりなのに、どうして感謝なんかできようか」と言う方がいますが、それは逆なのだと思います。笑顔にならず、愚痴や泣き言ばかり言っているからそういう現象が次々に起きる、というのが宇宙の構造のようです。

目の前の現象を喜んだり、おもしろがったり、楽しんだりして笑顔で暮らしていると、神さまはもっと喜ばせようと、さらに笑顔になるような出来事を起こしてくれます。

40年間人間観察をしてきましたが、愚痴や泣き言の多い人ほど、面倒な現象に見舞われているようです。本人は現象が多いから愚痴や泣き言を言っていると思っていますが、実際にはその逆で、愚痴や泣き言が多いから、そのような現象が次々に起きてくるのです。愚痴や泣き言を言うことで、自分で思うようにならないようにしているのかもしれません。

このような話を聞いて、「今までと現象は変わらないけれど、愚痴や泣き言を言うのはやめよう」と決意し、実践した人たちが何百人とおられます。おもしろいことに、**言うのをやめたところから現象が一変し、笑顔になるような出来事が起き始めます。**

つらい、悲しいと不平ばかり言っている人には、宇宙は一切支援をしません。宇宙を信奉して平伏しなくてもよいから、宇宙の方程式を覚えて宇宙を使いこなしたほうが、自分にとって得でしょう。

020

思いどおりにしようと思うと、
思いどおりにならずに苦しみ悩む。
目の前のことをありのままに受け入れると、
楽になる。

ある集まりで、集まったお客さんを見て「定刻なのにまだ半数も来ていない」と主催者の方が言いました。その地域は定刻より30分くらい遅れて始まることがよくありました。

私はその方に「定刻にもかかわらず、なんと半数もの人が来ていると思って、来てくださっている方に目を向けたらどうですか。**来ていない人に文句を言うより、来ている方に感謝するほうがいいですね**」と言いました。

その後、その地域では3、4回の講演がありましたが、その方は全然イライラしないようになりました。するとおもしろいことに、イライラしていたときは半分の人しか集まらなかったのに、イライラしなくなってからは、定刻にだいたい3分の2の方が集まるようになり、しかもお客さまの人数自体も増えたのだそうです。

目の前の現象を見て、自分にとって100点になっていないときに文句を言うのではなく、70点あるいは80点なのであれば、そのできている分に対して感謝すること。

喜びや幸せを感じて感謝ができると、自分自身が楽で楽しくなります。そして、そのような生き方をすることで、地球と宇宙が味方になり、自分にとって幸せなこと、心地よいこと、うれしいことを起こしてくれるようです。

021

おかげさま。
影のように寄り添っている何者か。
おかげさま。おかげさま。

私たちは人間として生まれる前に、鉱物、植物、動物、雲としての生まれ変わりをそれぞれ10万回経験するのだそうです。そして人間として10万回生まれ変わったあと、肉体を持たなくなり、神になります。神の中での最下級生が守護霊（お陰さま）です。

この世に生きている私たち一人一人には守護霊がついていて個人指導をしています。

守護霊というのは、まだ人間であった時代に「私」の親や配偶者として、またあるときは子どもとして何度も人生を共にし、「私」の魂を好きでい続けてくれた魂です。そして、神になったときに「私」の守護霊となって、**人生のシナリオのとおりにことが進んでいくように、あちらこちらの人に交渉をして働いてくれます。**

その守護霊がシナリオのままに舞台づくりをしてくれているにもかかわらず、不平や文句を言い続けていると、守護霊はとてもつらい思いをします。ある人の話では、守護霊は遠くに行ってひざを抱えてしょんぼりしてしまうそうです。

その離れた守護霊を戻す方法は、「ありがとう」を言うこと。これは声に出して言うことが重要です。心に思っていても声に出さなければ「実践」になりません。

私たちは自分の力で生きているように思いがちですが、人間の力などはないに等しく、**すべて目に見えない「お陰さま」や神さまたちの力によって生かされているようなのです。**

022

抱え込んでいる体は重い。
抱え込んでいる気持ちも重い。
「思い」が重い、人の性《さが》。

自分に「思い」があるとき、それを実現させようと考えます。その思いが簡単に叶うことなら問題はないのですが、難しいことであればあるほど、私たちはそれが良い目標であり、望ましいことであると思い、なんとか実現しようとします。そして実現できなかったとき、自己嫌悪になったり、落ち込んだりしてしまうのです。

目標を設定し、努力し、頑張り、必死になることが好きな人はそれでよいのですが、そのような生き方で悩んだり苦しんだり、むなしさを感じるという人は、初めからそのような「思い」（執着）を持たない、という解決方法をとってみてはいかがでしょうか。**重たい「思い」を捨ててしまうのです。**

人間の価値は、高い目標を達成したとか、業績を残したとか、そのように目に見えることだけで簡単に決まるものではありません。自分の目標を成し遂げるというのも、自分で好きならやっていてもよいのですが、それは自己満足の域を出ないものかもしれません。

それに対して、人から何かを頼まれてしてあげたときに、その人から喜ばれたときの喜びは、それとは比べられないほどの、魂が震えるような喜びです。その充足感を味わってしまったら、もう自分の思いを叶えることはどうでもよくなってしまうかもしれません。それくらいに、**「自分の存在が喜ばれたときの喜び」というのは大きなものなのです。**

023

過去が積み重なって現在に至ったこと、
過去のすべてに感謝すること。
すべての「因」に感謝する「心」が「恩」。

人生は「ドミノ倒し」に似ています。ドミノ倒しのように、ひとつひとつの出来事が起きて「私」の人生が続いていき、最後のひとつがパタッと倒れて、一生を終えます。

今、私たちがここに存在しているということは、後ろ（過去）のドミノがすべて順番に倒れてきたということです。もし、どれかひとつでも欠けていれば、今の「私」は存在していません。ドミノのひとつひとつがその時点での結果になっていると同時に、次のドミノを倒す原因にもなっているのです。

そのことがわかったら、これまでに出会った人や、自分に起きた出来事のすべてに感謝ができるのではないでしょうか。トラブルや苦労、病気、自分につらく当たった人でさえも、今の自分のために存在してくれたのです。

ですから、どんな人でも、どんなに些細《ささい》に見える行為も、人生を成り立たせる上で「どれが重要で、どれが重要でない」ということは言えません。**すべての人やすべての出来事が等しく必要なことであり感謝の対象であるのです。**

目の前の人を大事にし、自分に与えられたことを誠実にやっていくと、その結果倒れた「私」がまた次のドミノを倒し、「私」の未来をつくっていく……。人生とは、ただその繰り返しなのかもしれません。

024

「我慢」の源は「我《われ》の慢心」。
「我慢」（我の慢心）なければ
「我慢」（忍耐・辛抱）なし。
たいしたものではない自分。

自分がたいしたものだと思っている人は、批判的なことを言われるとプライドが傷つき、メンツをつぶされたと思って腹を立てます。それを抑えようとすることが「我慢」です。「我（われ）」の慢心がなければ傷つかず、腹を立てることもなく、忍耐や辛抱もいりません。でも、頑張って強がっているうちは大変です。

バカだ、アホだと言われたら、「はい、そのとおりです」と言ってすべてを受け入れてしまうことが一番楽な生き方です。自分が「ちゃんとした人」だといちいち抗弁したり、抵抗したりすることをやめると、自分が楽になります。

強靭《きょうじん》な精神力とは、傷つかないように身を守ることではなく、つまらない奴だと誤解されるのを恐れることでもなく、ののしられてもすべて受けとめて、「まったくそのとおりです」と言ってニコニコして生きていけること――これが本当に強い心です。戦わないから敵が無い。つまり無敵なのです。

さらにバカだ、アホだと言われたら、**「その言葉を聞くと、私は元気になる」というプログラムを自分の中にセットすることにしましょう。**ほかの人がその言葉を聞いてどう思うかは関係ありません。自分専用のプログラムです。そうすれば、何を言われても、もう気にならないばかりか、元気が湧いてきて、楽しく生きることができます。

025

神・仏から見ると、
人の世界は逆さま劇場。
信じ込んでいることを
逆さにして見るおもしろさ。
〝正義の戦い〟より、〝不正義な平穏〟のほうが、
宇宙にとっては正義かも。

地球上の出来事は、すべて宇宙の承認のもとに起きています。私たちから見て〝悲惨〟な事件やテロや戦争なども、意味がなく起きていることは何ひとつありません。

もし殺人事件の犯人に対して、死刑になるべきだという憎しみを持ったとしたならば、その社会や人に恨みを持っていた犯人と、犯人が死刑になればいいと望む「私」の気持ちとの、どこに違いがあるのでしょうか。**どんなことがあっても自分は憎しみを持ったり憎しみで人を殺したりしないぞ、と決意させるために宇宙はその事件を見せているのです。**

何十万人が死ぬような大津波や大地震があったとき、仮に１００万の人が「こんな悲惨なことが起きて、ひどいじゃないか。神は本当にいるのか」と思ったとしたら、宇宙は恨み言の塊になる。その反対に、自分の身にいつ何が起きてもおかしくないのに、何も起きずに平穏に過ごすことができた、ありがたい、と感謝することができたら、１００万人の感謝が宇宙に投げかけられたことになります。

「私の中から憎む心をなくしてください」と願うのはいい。しかし、戦いや争いのない日々を実現してくださいと言ったら、人類は滅亡するかもしれません。自分の小さい正義と宇宙の意思とは決して同じではない。**目の前のことを評価・論評せず、平穏無事に生きられることに感謝し、できる範囲のことをしていきましょうと宇宙は言っているのです。**

026

感謝される。喜ばれる。
それが一番の幸せ、一番の喜び。
「ほかの存在から喜ばれる存在」になること、
それが魂（エクサピーコ）のプログラム。

動物には2つの本能が埋め込まれています。ひとつは自己保存で、もうひとつは種の保存です。動物学としてのヒトもその2つの本能――自分の命を守ることと、相手を見つけて子孫を残すこと――を神さまから与えられています。

人はひとりで生きていれば「人」ですが、人の間で生きていると「人間」になります。神は、人を含む動物と、神との間に「人間」というものを定めたようです。**そして人間に3つ目の本能を与えました。それが「喜ばれるとうれしい」というものです。**私たちの魂（宇宙語で「エクサピーコ」という）には、「喜ばれるとうれしい」というプログラムが組み込まれています。

神はたったひとつのエネルギーしか持っていません。それは「喜ばれるとうれしい」というものです。その神の機能を、動物の頂点にいる人間に与えました。ですからその割合が高い人ほど神に近づくことになります。生まれた瞬間は、3つの本能は同じ割合で存在していますが、年齢を重ねるにつれて自己保存と種の保存の割合が減り、その減った分だけ「喜ばれるとうれしい」という本能が増えてきます。

神は喜ばれるとうれしいので、「これがうれしいです。感謝しています」と言われると、もっと喜ばせてあげようと思い、私たちが喜ぶような現象を起こしてくれるようです。

027

感謝と笑顔と賞賛と。
元気をくださり　与える3つ。

人は「感謝・笑顔・賞賛」のエネルギーを投げかけられると元気になります。例えば、子どもが洗濯物を取り入れてくれたら「ありがとう、助かるわ。やっぱりあなたは気がきく子ね」と笑顔で褒める。そうすると子どもは元気になって、また何かをやってあげようと思うでしょう。

自分の思いどおりにならないといって、子どものあら探しをするのではなく、自分たちを親だと思って「お父さん、お母さん」と呼んでくれるだけでものすごく幸せなことだ、ということに気づいたほうがいいと思います。勉強ができたら良い子だけれど、できない子は良くない、というのは条件つきの愛です。**「あなたがあなただから好き」と言ってありのままを愛する。それが本当の愛です。**「自分のところに生まれてきてくれて、ありがとう」と感謝・笑顔・賞賛を投げかけていると、その子はどんどん元気になります。

その反対に、「ああしろ、こうしろ」と言っていると、子どもはエネルギーダウンします。文句や愚痴、不機嫌、あら探しを投げかけると、相手は元気がなくなり病気がちになったりします。肉体だけでなく魂まで元気がなくなるのです。

感謝・笑顔・賞賛を投げかけると、相手が元気になるだけでなく自分も元気になります。

このように言葉や笑顔のひとつひとつは、大きな影響力を持っているのです。

028

「頑張る人」は人並みにはなれる。
「頑張らない人」は
「天才」になる可能性がある。

お釈迦《しゃか》さまの悟りに「縁起《えんぎ》の法則」というのがあります。

私たちの人生は、自分の思いや努力によってつくられているのではなく、自分以外のすべて（神仏や周りの人々）のおかげで成り立っている、という意味です。

もちろん、努力や頑張ることで達成できることや解決できる問題もあります。しかし、それは自分の力によって直接結果が出るというよりも、誠実に生きている「私」の姿を認めてくださる神仏や、友人、知人、家族の支えによって得られたものなのです。

人生には、自分の努力ではどうにもならない問題を突きつけられることがあります。そのとき、人間は謙虚にならざるを得ません。つまり「自分の力だけではできない」と思い定めること。それが、「努力しない」「頑張らない」「必死にならない」ことの意味です。

最終的に私たちができることは、目に見えない4者（神、仏、聖霊、守護霊）と、目に見える4者（友人、知人、家族、自分の体）に対して「お任せをする」こと、つまり常に「ありがとう」を言いながら、感謝をして生きていくことだけです。

それによって「ありがとう」と言われた8者が共感共鳴するのでしょうか、**皆が味方になり、「私」ひとりの力ではとても及ばないような大きな力で支援をしてくれるようです。**

029

きそわない。くらべない。あらそわない。
私は私。

学校教育の影響から、私たちは「幸せとは、競ったり比べたり争ったりした結果、優位に立って初めて手に入るものだ」と思い込んできました。そのために、努力をしない人間はダメな人間であり、競争から落ちこぼれると、社会の中でも価値がない存在であるかのように錯覚してきました。

しかし、人間の価値というのは、勉強や仕事ができるとか、何か数字で判断できるような単純なものではなく、**あらゆるところにその人の素晴らしい個性や存在価値を見つけることができます。**

人と競うことが好きな人はそのような生き方でよいと思いますが、競争には切りがありません。仮に勝ち抜いても、本人が満足しなければ永久に心が満たされることはなく、人を蹴落として優位に立っても孤独なだけかもしれません。

「他人と比べない」ということが身についたら、どれほど楽になることでしょう。

「幸せ」の語源は「為《な》し合わせ」です。人と競い合って自分の目標を達成し、自分のためだけに生きるよりも、**人に何かをしてあげることで喜ばれ、自分も人の好意に素直に甘えてそれに感謝して生きるほうが、ストレスもなく、心温まる豊かな人生になるのではないでしょうか。**

030

今日「幸せ」と思えば、
昨日までの「不幸」もすべて「幸せ」になる。
今日「不幸」と思えば、
昨日までの「幸せ」もすべて「不幸」になる。
オセロゲームに似ている。

今日、自分が「ああ、私は幸せ」と思ったとします。そうすると、昨日までに体験した嫌なこと――**けんかや争い、病気や事故なども、すべてが「今日の幸せ」に至るための原因であったことがわかります。**

逆に、今日「私ほど不幸な人はいない」と思ったとしましょう。そうすると、昨日までのすべての出来事が「不幸」の原因になってしまいます。

しかし、今日「私は不幸だ」と思っていた人でも、翌日にうれしいことがあったりすると、突然に「私ほど幸せな人はいない」と思い、昨日までの出来事は昨日の段階ではすべて「不幸」であったのに、今日「幸せ」になったがゆえに、すべて「幸せ」になってしまう……。このことはオセロゲームにとてもよく似ています。「幸」と「不幸」は、オセロゲームのように白と黒がすぐにひっくり返るのです。つまり、「幸」も「不幸」も絶対的なものではないということになります。「私」の気分ひとつで変わるのです。

今日「幸せ」と思えたら、その「幸せ」まで連れてきてくれた過去に対して感謝できるのではないでしょうか。

「幸せ」とは、「幸せ」という現象があるわけではなく、そう思う心が存在するだけ。どんな現象も、その人がどう思うかによって「色」が決まるのです。

031

「今日」は2つの「特別日」。

過去の人生最後の日。

楽しい未来の最初の日。

今日という日は、２つの特別日が重なっている日です。生まれたときから今日までの人生を考えたとき、**今日の「私」は、人生の中で最長老の人間です。**最も多く経験を積んだベテランですから、その「私」が下す今日の判断は、すべて正しいといえます。過去を振り返って、「あのときああすればよかった」と思うことは少なくありませんが、そう思えること自体が、自分がそのときより成長したということにほかなりません。

その反対に、今日を含めた未来を考えてみたとき、今日の「私」は、最も経験の浅い未熟者であることに気がつきます。

つまり、今日という日は、過去の人生の中では最も優れた最高位にある自分であると同時に、未来に向けては、最も未熟な最年少の存在である、というその２つの特別日が重なった、非常に特異なる日なのです。

過去の人生についてくよくよ考えたり後悔したりする人は、そのことにエネルギーをとられるせいか、今のことをあまり考えていないような気がします。**過去に下した判断はすべて正しいのですから、後悔するのはもうやめて、今、生きているこの瞬間を大切にしていくことにしませんか。**

032

空腹だと、おいしい。
悲しいことがあると、喜びが大きい。
では、その「悲しいこと」に
感謝したくなりますね。

私たちは、生まれる前に自分自身で人生のシナリオを書いてこの世に出てきているようです。そのシナリオどおりにただ現象が起きているだけなのに、人間は未熟なるがゆえに、目の前の出来事について「良い・悪い」「幸・不幸」と評価・論評をしてしまいがちです。その部分だけに意識が行き、「不幸なことが起きた」と決めてしまうことがよくあるのですが、**長い目で見ていくと、まったく「不幸」なことではありません。**「今の状況に至るためには、その出来事が必要だった」「あの体験のおかげで、いろんな人に出会えた」……というようなことに気がつくからです。

実は、人生のシナリオは、前半分と後ろ半分がワンセットになっていて、それらがすべて「幸せ」を感じるようにできています。前半の部分がなければ、後半の「幸せ」を感じることがないでしょう。空腹という現象がなければ、おいしいと感じることもなかった。「幸せ」という名の現象を「私」が感じるためには、その前半分の現象として、つらく悲しいと一般的にいわれているようなことが必要だったのです。

その構造がわかったら、起きてくる現象を、ひとつひとつ肯定したり否定したり、より分けることがなくなるでしょう。**すべては自分自身が設定した、喜びのためのプログラムなのですから。**

033

愚痴　泣き言も　悪口も、
ありがとうも　喜びも、
言った数だけ降ってくる。

宇宙から私のところに届いたメッセージのひとつに**「意識の密度が現象の密度である」**というものがあります。

例えば、「私は良い友だちばかりに囲まれている」と言っていると、そのような良い友だちが集まってくる。空に虹が出たときに「わあ、きれい」と喜んでいると、その人の頭上には虹がよく出るようになる。「私は男性運が悪い」と言っていると、ろくでもない男性が寄ってくる。「白髪が増えた。しわが増えた」と言っていると老化のスピードが速くなる。人の悪口を言っていると、自分も悪口を言われるようになる……というようなことです。目の前に起きることには、なんの色もついていません。ただ淡々と過ぎていくだけのことですが、それを私たちがどのように意識し、どのような言葉を口にするかによって、あとに起きる現象が違ってくるのです。自分の投げかけた言葉が、その言葉をまた言いたくなるような現象を呼んでいる。

神さまは人間を喜ばせたくて仕方がない存在であるらしく、**私たちが喜んだり、楽しいと思ったり、幸せだと感じて言葉にすると、もっと喜ばせようと、さらにそのような現象を起こしてくれるようです。**自分にとって楽しいことばかりが起きるといいと思う人は、その喜びを感じたときに、どんどん表現することにしましょう。

034

雲が選んだ山
山が選んだ雲
偶然でない二人

この世の出会いは、偶然によるものはひとつもありません。親子、夫婦、友人、恋人、上司と部下、師匠と弟子など、すべての関係において、**お互いが成長するため、学び合うためにお互いを選んで出会っています。**

人間関係はすべて「私」を磨いてくれる砥石《といし》のようなものです。

魂の研究をしてきてわかったことですが、夫婦の関係についていうと、価値観が一番離れた者同士が結婚するようです。自分のわがままや自己主張を通せる環境にありながら、それをいかに抑えて幼児性を克服することができるか、その訓練をするための関係ということです。理想の相手だと思わせて、それを愛情と感じるのもプログラムです。意見は違う、価値観は違う、けれども感情的に好きである――それが夫婦なのです。

だから削り合う価値があるし、削り合う状況になる。それが嫌だったらすぐに別れます。でも、別れずに削り合う道を選んで一緒にいるのはなぜかというと、それはお互いに好きだからです。だから、結婚は、一番素敵な砥石を手に入れたということになります。

いわゆる愛情というのは、動物学的に見ても3年で消えるのですが、その後は**お互いに「尊敬」できる人間であるかどうかが、二人の関係を決めていく大きな要素になるようです。**

035

弦も神経も、
弾《はじ》かれて、張っているとき響きます。
張っていないと痛くない。
ゆるんだ弦の楽なこと。

体の痛みというのは、神経が張っていることからきているのかもしれません。

ギターの弦は、ピンと張っていることで、弾いたときに音が出るようになっています。張っていないと、いくら弾いても音は出ません。人間の体の痛みもどうもそうなっているようです。神経を張っているから、外的な状況（気温や湿度の変化や、ストレスなど）によって響いて痛みが出るらしいのです。神経がピンと張っていなければ、いくら外から弾いても痛くはないでしょう。

体に痛みを持っている人や、悩み苦しみをたくさん抱えている人というのは、自分や他人を認めていない人、許していない人、なのかもしれません。

「許す」という言葉の語源は、「ゆるます」です。「許す」というのは、自分のピンと張った神経、つまり、あれでなければいけない、こうあるべきだというような価値観を「ゆるます」ということです。

「ゆるます」ことが「許す」ことであり、「許す」ことはすなわち「受け入れる」ことなのです。「許す」とは、「すべてを受け入れる」こと。

「すべてを受け入れる」ことによって、体の痛みも和らぎ、気持ちも楽になる。心と体はそのようにつながっています。

036

「こうでなきゃ嫌だ」と思ったら、
待っているものは「嫌だ」か「ゼロ」。
「こうなると楽しい」と思ったら、
待っているものは「楽しい」か「ゼロ」。

「執着」と「おもしろがる」とはどう違うのでしょうか。

執着というのは、「こうでなければ嫌だ」「どうしてもこうなってほしい」と思うことです。それに対して**「おもしろがる」**とは、「そうなってほしい」のは同じなのですが、「そうなったらいいなあ。ならなくてもいいけれど。でも、そうなるといいなあ」「そうなるとうれしいな」「そうなると楽しいな」「そうなると幸せだな」と思うこと。それが「おもしろがる」ということになります。

「こうでなければ嫌だ」と思ったときに、執着になります。

超能力の点から考えても、「こうでなければ嫌だ」と思ったときは脳波がβ《ベータ》波になって、実力でしかものごとを解決することができません。

一方、**「こうなるとうれしい」「こうなると楽しい」「こうなると幸せだ」と思ったときは脳波がα《アルファ》波になり、不思議な力が助けてくれます。**超能力的な解決方法とでもいうのでしょうか。そういう力が、どこからか支援してくれるのです。

「こうでなければ嫌だ」と思ったときは、「嫌だ」か「ゼロ」しか持っていません。「こうなると楽しい」と思ったら、待っているものは「楽しい」か「ゼロ」。喜びが上乗せされるだけの日々になるのです。

037

こうでなければならない、
ああでなければ嫌だ、と思って始まる苦悩。
こうなったらうれしい、ああなったら楽しい、
と思って実現する不思議、訪れる奇跡。

一般的に〝念ずれば〟実現するとか、思いが現象化するという話がありますが、それは三次元的な現象（この世での現象）で見ると必ずしも「そうだ」とは言えません。

思いが強ければ願いが実現する、というのなら、余命を宣告されて死ぬ人はいなくなるはずでしょう。余命を宣告されてすぐに死ぬわけではなく、3ヵ月とか半年とかの余命を与えられます。その間に死にたくないと思ったら、ほかの人以上に治りたいと強く願い、その思いが叶うはずです。でも実際にはそうならないことがほとんどです。

あるいはまた、会社が倒産の危機にあるとき、倒産しないでほしいという思いは強いはずなのに、倒産する会社がある。——どうも、念ずれば実現する、ということにはなっていないようです。

ただし、**実際に思いが叶うことはあります。それは執着がない場合です。**

執着がないと宇宙の意思とつながって、奇跡が起きることがある。恨み言や批判的なことを言わず、「実現しなくてもいいけれど、そうなったらうれしい」という、**喜びを上乗せする考え方で、笑顔で願うと、宇宙が味方をしてくれる場合があります。**

そうならなければ嫌だという執着があると、現実にならない。宇宙はそういう単純な構造になっているようです。

038

「幸」も「不幸」も存在しない。
そう思う自分の心があるだけ。

すべての人が指をさして「これが幸せだ」と言えるものが、この世にはあるでしょうか。

例えば、Ａさんが「幸せだ」と言っても、ほかの人は「幸せではない」と言うかもしれません。

すべての人が絶対的な価値を持って「幸せだ」と思えるものは、地球上には存在しない——それが唯物論者の私の結論です。

例えば、仲間たちと一緒に食事をしたり何かを見たり聞いたりしたときに、そこで「幸せ」を感じるというのは、その人にそう感じる「心」があるからでしょう。**「幸せ」は感じた人にのみ、そこに存在する。感じた人にのみ「幸せ」が生まれる**、という構造になっています。

同様に、「不幸」というものも、現象も、この世には存在しません。

たとえどんなにお金持ちで恵まれた環境にいる人でも、本人が「不幸だ」と思えば、それは「不幸な」ことになります。逆にものやお金がなくても、状況や環境がほかの人から見てひどいものであっても、**本人が「幸せ」を感じていれば、それが幸せになるのです。**

「幸」も「不幸」も存在しない。それは他人が決めることでも外的なもので決まるものでもなく、その人自身の「心」が決めているのです。

039

この世に生まれた目的は、

「喜ばれる存在になること」。

「喜ばれる存在」の喜びは、

「自分が喜ぶ」喜びとは比べられない大きさ。

人間の体というものは、常に「ほかのもののために」存在しています。肺にしても、心臓や腎臓、肝臓、胃、腸にしても、自分のために存在する臓器というものは何ひとつありません。皆、体の中に存在するほかの臓器や細胞を生かすために働いています。ひとつの宇宙が人間の体にまとまっている、といっていいかもしれません。

人は、人の間に生きているから「人間」といいます。「人間」として生きるということは取りも直さず、自分のためではなく、ほかに存在するもののために生きるということです。自分がいかに目標に向かって歩み、それを達成するかということではなく、いかに喜ばれる存在になるか（つまり、いかに「頼まれやすい人」になるか）ということに尽きます。

頼まれごとをやってあげて、相手が自分に向かってにっこり笑って「ありがとう」と言ってくれたとき、そのときにこそ人間の本当の「存在の喜び」が湧いてきます。喜ばれることは、人間の最も根源的な幸せだからです。そういう幸せを感じるように、私たちの心にはプログラムがセットされています。

実際にやってみてください。「ああ、生きていてよかった。私はこれをさせていただいてよかった。実は一番幸せで、楽しくて、幸せなのは、私ではないか」と思えるに違いありません。

040

この世の出会いはすべて〝必然〟。
「はじめまして」は「お久し振り」、
そして「やっと会えましたね」。

人間が死ぬと魂は肉体から離れて光の世界へ戻り、ある期間をおいてまた肉体を持ってこの世に生まれてきます。私たちはそれを繰り返し、魂を磨き続けています。

多くの〝超能力者〟が「この世は劇団のようなもの。生まれ変わるたびに〝舞台〟が変わるだけで、演じている役者は同じ。同じ役者同士が、演目のたびに、役名を変えて演じているだけだ」と言います。

人間は生まれる前に、この世で会うすべての人と約束をしてきたらしいのです。お互いの学びのために「こんな場面で、こんな関係で出会いますから、よろしく」というように。だから、初対面の挨拶は「はじめまして」ではなく、本当は「お久し振り」が正しい。「やっと会えましたね」でもいいのです。

人は生まれ変わるのに平均して４００年ほどかかるらしいので、４００年ぶりの再会ということになります。「劇団」説をとれば、４００年どころか永久のつき合いですから、20年来の友人も、今日会った人も、この世で出会うのが早いか遅いかだけで、自分にとってはすべて等距離にいる大事な人です。家族も古い友人も新しく知り合う人も、皆同じ。

明日はどんな人と会えるのか、どんな約束をしているのか、と考えると、ワクワクすることでしょう。

041

この世は
観音さまのあそび場所
仏さまのあそび場所

お釈迦さまの教えは経蔵《きょうぞう》、律蔵《りつぞう》、論蔵《ろんぞう》の三蔵《さんぞう》にまとめられていますが、それらをすべて読み通したという3人の方に、どの教えが一番おもしろかったか質問をしました。

その答えは3人とも同じでした。観音経《かんのんぎょう》が一番おもしろかったのだそうです。

観音経の教えは大変難しいのですが、起承転結で簡単に解説すると次のようになります。

〈起〉私たちの目の前で遊んでいる子どもたちは、観音さまの化身ではないか。変装の名人である観音さまが、この世に楽しみに来た姿なのかもしれない。

〈承〉目の前で遊んでいる子どもたちは、観音さまの生まれ変わりである。

〈転〉その子どもたちを笑顔で楽しそうに見ている私たちも、もしかしたら観音さまの生まれ変わりかもしれない。

〈結〉楽しそうに見ている私たち一人一人が、観音さまの生まれ変わりである。

私たちを取り巻くすべてのこと・もの・人・現象にはなんの色もついていない、というのが宇宙の本質です。そのすべてを楽しみ、喜びを感じ、「ありがとう」と言うためにこの世に生まれてきました。「観音さまが人の形になって生まれ変わり」人生を楽しみにきたらしいのです。**たくさんの楽しさ、喜びを味わって「帰る」ことにしましょう。**

042

子に感謝されたら、
親はもっと、してあげたくなる。
「子」に感謝されたら、
神はもっと、してあげたくなる。

親子の関係というのは、神と「子」との関係を知らせるために設定されているようです。親は子どもに無償で無限の愛情を注ぎます。それは本能的なものなのですが、何かをしたときに、子の側に「親が子にするのは当然だ」という態度が見えたとき、多くの親は悲しい思いをします。

そういう**親と子のありようこそが、神と人との関係でもあるらしいのです。**

神も万物に対して「喜ばれる存在」でありたいと願っているように思えます。「万物に対して」ですから、人間に対してもきっとそうでしょう。神は人に対し、ただひたすら与え続け、「してあげるだけ」の存在なのではないでしょうか。未熟な私たちにはそれがわからないだけなのかもしれません。

神の目から見れば、私たち人間は、赤子、あるいは乳幼児です。どんなに私たちが年をとって経験を積み重ねても、神から見れば未熟で不十分であることは間違いありません。

その、無限に「し続け」、「与え続けて」くださる神に対し、圧倒的に力が足りない私たち人間ができることはいったい何か。

それは、**「当然」と思わず、「ありがとう」と感謝をすることなのでしょう。**

043

災難に遭いそうになったら、遭う。
病気になりそうになったら、なる。
死にそうになったら、死ぬ。
それが災難よけの最良の方法。

——良寛《りょうかん》和尚の言葉——

私は自分のことをかなり謙虚だと思っています。これは一般的に使われる「謙虚」とは意味が違います。ある偶然の重なりが2つ以上あったとき、それを宇宙の示唆だと受けとめて、自分の好き嫌いの感情や価値判断は二の次にして、その流れに素直に従う。そういう意味での謙虚さなのです。

「こうしてみたら」という宇宙的な示唆を素直に受け入れていくほど、宇宙はどんどん示唆をくれるようになります。そして、自分の運命や運勢をすべて宇宙にゆだねてしまうと、生きることが間違いなく楽になります。

良寛和尚がある人から「災難を避ける方法」を尋ねられたとき、次のように書き送ったといいます。原文どおりではありませんが、趣旨は、

「災難に遭うときは、遠慮なく遭いなさい。病気になりそうになったら、遠慮なく病気になりなさい。死ぬときは遠慮なく死になさい。それが災難よけの最良の方法」

というものでした。

すべてを宇宙にゆだねてみてはどうでしょう。怖がることはありません。ゆだねるといっても、実は、それが示してくれる環境は、すべて自分が生まれる前にシナリオに書いて用意してきたものですから、自分にとって悪いようにはなっていないのです。

044

座禅・瞑想《めいそう》、学んだあとは、
さらなる道場、日常に。

宇宙のことや精神世界のことを勉強するのは楽しいものです。けれども、どんなに素晴らしいことを知っていても、実践していなければ知らないのと同じことです。

子育てに関してもそうです。子どもは親から言葉で指導されても聞きません。子どもは親の生き方を見て育つものだからです。**学ぶとは、まねぶ・まねるという意味。**親が前に向かって明るく楽しそうに生きていると、その姿を見て子どもはついていきたくなります。

親がいくらたくさんのことを知識として持っていて「いい話」をしていても、日常生活ですぐに腹を立てたり、悪口を言ったり、怒鳴ったり、表裏のある態度をとったりすると、子どもは自然とそのことを学んでいきます。

子どもというのは、感情がコントロールできない大人を尊敬しません。自分が腹を立ててしまうようなことに対しても親が腹を立てないのを見て尊敬するのです。

子どもに好かれるようになるには、感情をコントロールする訓練をすること。同じことをしても昨日は怒られなかったのに今日は怒られるとなると、子どもは混乱します。よくないことは笑顔で何回でも注意する。**良いことをしたら、自分が疲れていたり機嫌が悪かったりしても笑顔で褒めてあげる。**そのようなことを日々実践していくこと。

子どもは言葉によっては教育されない。親の生き方そのものを見ています。

045

悟るためには3秒。
過去のすべてを受け入れる。
現在のすべてを受け入れる。
未来のすべてを受け入れる。
受け入れると自分が楽になる。
「受け入れる」ことが「悟る」こと。

私たちが目の前の現象について悩んだり苦しんだりするのは、そのことを受け入れず、否定をしていることに始まります。

どんな問題をも解決することができる「3秒の方法」があります。これは、早く悟る人がえらくて、時間がかかる人がえらくないというものではありません。それぞれに育った環境や置かれた状況が違いますから、それはどちらでもまったく構いません。ただ、最も早く悟れる人は3秒で悟れる、と申し上げておきます。

その方法とは——1秒目、過去のすべてを受け入れること。2秒目、現在のすべてを受け入れること。3秒目、未来のすべてを受け入れること。これで終わりです。自分に起きたことやこれから起きることは、すべて自分が成長するために必要だ（った）と思うこと。目の前に起きる現象は、宇宙の承諾なしには起きていません。すべての現象を自分の色メガネで見たり、自分の思いどおりに変えようとしたりせず、そのまま認めれば、楽に生きることができます。

「認めるべきだ」とか「受け入れるべきだ」ということではありません。**悩んだり、苦しんだり、つらい状況にあるときは、その状況を否定しているからだということに気がついたら、解決策が見えてくるということです。**

046

悟るとは　受け入れること。
悟りとは　笑うこと。

悩み苦しみは、自分の思いどおりにしようとすることから始まります。**すべてを肯定し、ありのまま受け入れることができれば、何も変える必要がなくなり、悩みが消えて自分自身が一番楽になれます。**

笑うということは、肯定し、受け入れ、共鳴しているということです。

子どもの通信簿を見て成績が全部1だったとき、「なんだ、この成績は」と叱《しか》ったりせず、「すごい。安定している！」と言って笑ったら、その子の成績を受け入れたことになります。

神経痛やリュウマチで苦しんでいる人に共通するのは「笑わない」ということ。笑う人には痛みがありません。笑うと脳内にβ《ベータ》‐エンドルフィンという快感物質が出ます。これには、免疫力が高くなる、血液をさらさらにして高血圧を予防できる、痛み中枢に直接作用して痛みを麻痺《まひ》させることができる、という3つの作用があります。**β‐エンドルフィンを出す方法は、肯定的に喜びを感じること。感じなくてもいいから、とりあえず笑顔になることです。**実際に「ありがとう」と笑顔で言いながら体をつねってみると、不思議と痛みを感じません。自分で脳内モルヒネであるβ‐エンドルフィンをつくっているのです。

体が痛む人は、痛いから笑えないといいますが、笑わないから痛いのかもしれません。

笑いは、心の悩みも体の悩みもなくしてくれる、ものすごい力を持っているのです。

047

自分で自分が好き150%なら、
他人を好きになる割合も、150%。
同じ割合で〝神〟を好きになるみたいだ。

悟るとは、受け入れることです。受け入れるというのは、まず自分のことを受け入れることから始まります。

自分を受け入れていない人は、自分をどこかで否定している人、許していない人です。そのままの自分を愛することができず、ここは好きだけど、ここは嫌い、こういうことをしてしまう自分は許せない、と自らを批判したり論評したりしている。そのような人は、目の前の現象（つまり神さま）や他人に対しても同じ厳しさで見るため、やはり評価・論評をしてしまい、すべてをありのままに受け入れることができません。

一方、自分のことを好きな人は、良いところも未熟なところも含めて自分のすべてを認めて心が満たされていますから、他人が何をしていても、人からどう評価されても気になりません。周りで起きる出来事にもいちいち反応することがなくなり、とても楽なのです。

自分のことを好きだと思えた瞬間、心が温かくなり、幸せな気持ちになって、思わず笑みがこぼれます。自分のことを、１００％を超えて１５０％も好きな人は、同じ割合で他人のことも好きになり、宇宙が起こしてくれる現象もなんでも受け入れられるようになります。自分の中の「こうでなければいけない」という思いをなくして、ありのままの自分を見つめてみることにしましょう。

048

自分で自分を好きな人は、
心身ともに健康でいる。
自分で自分を嫌いな人は、
心身ともに病みやすい。
自分で自分を好きになると、
心身ともに健康になる。

自分のことが嫌いな人は、毎日がむなしく、否定的な思いや言葉ばかりが出てくるので、自分の体の細胞も弱っていきます。その反対に、自分が好きな人は、笑顔で、明るく、楽しく、幸せなことを考え、肯定的な言葉を発して、それに連動して体も元気になります。

自分を好きになる方法は、金銭的にまったく、あるいはほとんど得にならないようなことをすることです。例えば、トイレ掃除をするとか、自分のために花を買って会社の自分の机に飾るとか、駅前の自転車置き場を片づけるとか、そのような、誰からも評価をされないような「バカなこと」を一生懸命やっていると、いつの間にか自分がとてもいじらしく、かわいく思えてきます。「バカな奴だ」と思いながらも、心に温かいものを感じ、自分を好きになります。

また、自分の存在そのものが肯定できれば、自分を好きになれるかもしれません。

例えば、目が見え、耳が聞こえ、呼吸ができるというような、普段は当たり前と思っていることは、よくよく考えてみると、実はとても奇跡的なことだとわかります。「私」はその奇跡の塊ですから、宇宙から「存在していてよい」と認められていることになります。

自分がどれほど恵まれていて、どれだけ幸せかということに気づけたら、自分がいとおしくなり、抱きしめたくなるのではないでしょうか。

049

邪心に野心に下心、
損得勘定あってもよろし。
どんなに良いこと知ってはいても、
やらねば何も、知らぬと同じ。

臨時収入が欲しいから、という理由でトイレ掃除を続けることはできるでしょう。しかし、人格論として「立派な人になりなさい」とか「トイレ掃除ができるような人になりなさい」と言われても続かないものです。どうも、人間はそういう立派な構造にはできていないらしい。

邪心や下心がまったくない人というのは神の領域ですから、肉体を与えられていません。肉体を持っているということは、まだ人間としてのさまざまな体験をしたい、ということですから、**損得勘定でやっていくのはとても自然なことだと思います。**

トイレ掃除も「ありがとう」を言うことも、損得勘定でやると続くのです。初めは自分の「得」のためにやっていたことが、実は「徳」を積んでいることになり、その結果、自分に「得」となって返ってくる。おもしろい現象があまりにも多く起こるので、引き続きやりたくて仕方がなくなる――。どのような分野でも、人に喜ばれるような生き方というのは、損得勘定で考えればすべて「得」になっているようです。

どんなに下心や野心があったとしても、実際にそれをやった人を実践者といいます。

100%の美しい心でやっていこうと考えなくてもいいですから、ぜひ自分のために、究極の損得勘定ができる、究極の欲深い人になってください。

050

上流に向かって漕《こ》ぐ人は、逆らっている。
下流に向かって漕ぐ人は、焦っている。
逆らわず、焦らずのときは、
ものごとがよく運ぶ。自然に流れていく。

川にボートを浮かべていているとき、上流に向かって漕いでいる人は、外から見ると少しも動いていません。大汗をかいて「こんなに私は努力して頑張っているのに、なぜ人生は変わらないの」と言うのですが、それは、上流に向かって漕いでいるからです。

その反対に、**下流に向かって漕いでいると、流れる速さに漕ぐ速さが加わって、倍の速さで下っていきます。**左右の岸にすごくおもしろい人たちがいるにもかかわらず、流れが速すぎて、その人たちに手を振ったり笑顔を交わしたりする余裕もありません。結果として、ものすごい速さで流れ下っていき、死に急いでいることになるのかもしれません。

では、味わい深い人生を送るためにはどうすればいいか。

漕がないで、ただ川の流れに舟を浮かべていること。左右の景色を楽しみ、その時々の風を感じながらゆったりと流れていく。それが、とても豊かな人生のように思います。

流れに任せ、あちらに動かされ、こちらで楽しい人々と出会い、その人たちから頼まれたことをやって、喜ばれながら生きていく。

宇宙が「こうしましょう」と示唆する流れを素直に受け入れれば受け入れるほど、さらに示唆が与えられ、自然と自分の「人生のテーマ」がわかるようになるようです。

もう流れを変えようとせずに、身をゆだねて生きることにしませんか。

051

人生はすべて自分の設計。
歩んだ道はすべてがベスト、ベストの選択。
「回り道」も「無駄」もなく、
「恨む相手」も存在しない自信作。

――幼いときに周りの人たちから褒められて育った人は、例えば女の人であれば、大人になってもお嬢さん風の顔つきになるような気がする。顔つきというのは変わらないものなのか、という質問をした方がおられました。

結論からいうと、**顔つきは変わります**。例えば、裕福な環境で育った人の半分くらいの人は、鷹揚《おうよう》で穏やかな人柄に育ちますが、半分くらいの人はわがままで自己中心的に育ちます。その反対に、貧しい環境で育った人の場合、苦労によって人格が磨かれ、人柄がとてもよくなる人が半分くらい、貧しいゆえにひねくれた人格になる人が半分くらいです。結局、環境には関係なく、同じ率で同じように人は分かれていきます。

自分で家族を選んで生まれてきているので、子どものときに褒められなかったこともシナリオです。自分が褒められてきたかどうかは別にして、これからどのように生きるかを考えましょう。褒められたいと思う人は、他人に自分のことを褒めてと言うより、**自分から周りの人を褒めていくと、だんだん周りの人も褒めてくれるようになります**。そのように人に褒められているうちに、顔は和らぎ、穏やかで楽しそうな表情になっていくのです。

そのことに気づいたら、今日から自分の周りに肯定的で明るい言葉が飛び交うように、自ら環境づくりをやっていくことにしましょう。

052

人生は人との出会いの積み重ね。

「運命」は人が運んでくる「私の命」。

「運命」と「宿命」という言葉の意味は混同しやすいのですが、**「宿命」とは「宿っている命題」のことをいいます。**つまり、生まれながらにしてその人が背負っているもの——性別や生年月日、どのような親や兄弟を持っているか、などの、自分の意志では変えられない、生まれながらにして決定している事柄です。

一方、**「運命」というのは、「運ばれてくるもの」「運ばれてくる命題」のことです。**つまり、生きていく中で、自分の意志で何かを決定できる現象を指します。

運命は何によって運ばれてくるかというと、「人」によって運ばれるのです。運んでくれる人は「運んでいますよ」とアピールすることなく、私たちの目の前をただ淡々と通り過ぎていきます。しかもその人数は、誰に対しても同じです。ですから、その一人一人を大切にしているかどうかで、その人の運命は変わってきます。

「運に恵まれている人」というのは、別に次から次へと「幸運がやってくる人」というわけではありません。社会的な地位が高いとか、金銭的にプラスになるからと人を区別したり差別したりすることなく、**一人一人を大切にし、宇宙にも感謝して、「恵まれている」「幸運だ」と言い続けている人がそうなるのです。**

「自分は運が悪かった」と思う人は、日常生活を見直してみるとよいかもしれません。

053

「仁」とは「人二人（ひとふたり）」。

そばにいること。近くにいること。

いつも、あなたのそばにいます。

「仁」という字は「人が二人」と書きます。「人二人」とはどういうことかというと、誰かのそばにいてあげることです。**何もしなくてもいいから、ただその人のそばにいてあげる、という意味です。**

愛という概念に深い奥行きがあるとすると、その入り口にあるのは、一番簡単な形である「仁」であるように思います。そして、人に何かをしてあげたり、アドバイスをしてあげたりすることも愛の形ではありますが、**究極的に行き着く愛の形も、やはり「仁」、つまりそばにいてあげるということではないでしょうか。**

そばにいてあげるとは、必ずしも時間的、距離的にいつも一緒にいるということではなく、精神的にそばにいて、心の支えになってあげるということです。

それが「愛」の究極の姿かもしれません。

054

すべてがあなたにちょうどいい。
父母も子も、夫も妻も兄弟も。
上司も部下も友人も。
すべてがあなたにちょうどいい。

――釈迦《しゃか》の言葉――

会社勤めをしている人で、自分の会社の悪口を言う人がいます。悪口というよりは愚痴や文句なのかもしれませんが、「うちの社長はワンマンで怒りっぽくて仕方ない」とか「専務はこうで、部長はこうで、嫌になってしまう」というようなことです。

その人の言っていることは、きっと正しいことなのでしょう。その上司や会社は確かにどうしようもない人たちで、ほかの人たちもまったく同じように感じている事実に違いないのだと思います。でも、その人はその会社で給料をもらい、そこで生かされて働いているのです。その自分の生活を成り立たせてくれる会社、社長、上司に対して、愚痴や悪口を平気で言っているというのは、そのどうしようもない社長、専務、部長と同じような、どうしようもないレベルの社員なのではないでしょうか。

同じように、「うちの舅《しゅうと》（姑《しゅうとめ》）は、こんなひどいことを言う人で」とか「どうしようもない子ども（親）で」などと文句や愚痴を言う人がいます。しかし、この「すべてがあなたにちょうどいい」という言葉を知っている人から見たら、その人は愚痴を言った瞬間に自分の価値をさらけ出している、ということになるのです。逆に、**「私の妻はこんなに素敵だ」と言うと、その素敵な妻に合った素敵な夫に違いない、ということになるでしょう。**

私たちは、すべて自分に「ちょうどいい」人たちに囲まれて生きています。

055

すべての人が超能力者。
だから、超能力者はいる。
だから、超能力者はいない。
どちらの言葉も同じこと。

超能力的な要素というのはすべての人が持っています。その能力は訓練によっていくらでも花開くので「すべての人が超能力者」といえます。

では、世の中に超能力者はいるのでしょうか。

答えは2通り——超能力者はいる。超能力者はいない——どちらも正しいのです。超能力を使いこなす人がいるのだから、「超能力者はいる」。けれども、すべての人がその超能力を持っているのだから、「超能力者はいない」ともいえます。

スプーン曲げというのがありますが、スプーンが曲がる瞬間に、人間の脳からは金属をも変形させるものすごい念波が出るらしいのです。これを宇宙語でギマネ波と呼びます。

イライラしているときはこのギマネ波が出ないので超能力は使えません。リラックスしていて、幸せで満ち足りている状態で「こうならなくてもいいけど、そうなったらうれしい」と、喜びを上乗せする形で想念を送っていると、現象が起きることがあります。

周りの人を思うように変えたいと執着している間は超能力は使えませんが、**許容範囲が広がり、誰でも受け入れられるようになると、イライラしないのでギマネ波によって状況を変えることができます。でもおもしろいことに、ギマネ波を自在に使えるようになるころには自分が穏やかになっているので、もはや状況を変えたいとは思わなくなるようです。**

056

「正義感」や「使命感」。

「カン」は振り回さずにゴミ箱へ。

人がしていることに対して、指をさして糾弾することを「正義感」といい、人が自分の思うとおりにしていないのを糾弾することを「使命感」といったりします。

怒りや憎しみというものは、この正義感や使命感から生まれているようです。自分が正しいと思うことや、自分に対して律していることを他人に押しつけたとき、憎しみや争い・怒りが湧いてくるようになります。

「正義」や「使命」は神の領域にあると思えますが、そこに「感」がついたとき、つまり「正義感」や「使命感」になったとき、それらは悪魔の領域になるのではないでしょうか。自分を正当だと思うことで相手を憎み、恨み、怒り、軽蔑する、という心の動きにつながるからです。

「正しさ」というものは、時代やさまざまな局面によって常に変化していきます。自分の中に正義と使命は持っていてもいいのですが、そこに「感」がつくと、周りはつらい状態になり、息苦しい思いをすることでしょう。

「正義カン」と「使命カン」。「カン」は振り回さずにゴミ箱へ。

自分はもしかしたら間違っているのではないだろうか、「私」の側に正義というものはないのかもしれない、と思い続けることが、謙虚さということかもしれません。

057

生前、今生《こんじょう》のシナリオを描いた〝魂〟が、
今、私の体の中にいます。
必ずシナリオどおりに選択している私。

私たちは、生まれる前に自分の人生のシナリオを書いてきたらしいのですが、では、なぜそのシナリオのとおりに生きられるのかというと、シナリオを書いた魂が体の中にいて、常にシナリオのとおりに進むように「私」に選択させているからなのです。

だから、**何かを決めなければいけない状況に来たとき、私たちはどれを選んでもいいということになります。**「なんとなくこちらがよさそうだ」と思えば、そちらを選ぶ。その選んだことがすべて、自分のために書いたシナリオのとおりになっています。

例えば、大学受験で何校も受けてみたいと思えば、すべて受験して、合格したところに行けばいい。いくつか受かったのなら、自分が行きたいと思うところに決める。第1志望や第2志望の学校に落ちたとしても、合格したところに行くと決めれば、本人はもとより、周りの親も先生も、楽になることは間違いありません。

「私はどうしても第1志望の学校に行きたい」という人は別です。それはその人のシナリオですから、そのような生き方を否定するわけではありません。

ただ、受験に限らず、こだわりを持っていると、その思いを叶えようとして悩んだり、ストレスで体を壊したりして、人生の多くの場面で損をするような気がします。**目の前のことを評価・論評したり順位づけしたりしないことが、人生をとても楽にしてくれます。**

058

そうじ　わらい　かんしゃ　の実践。
神さまが大好きな3つ。

人間の行為や行動の中で、神さまが好きなことは何かと考えたとき、「そ・わ・か」の3文字が浮かびました。**「そ」は掃除、「わ」は笑い声・笑い顔、「か」は感謝です。**この3つを実践している人を神は応援してくれるようです。

掃除は、特に汚れが目立つ水回り、その中でもトイレを掃除している人には、神は臨時収入というご褒美をくれるようです。これまでにトイレ掃除をしていてなぜか臨時収入があった、という実例が多数寄せられています。

笑うことは、目の前のこと（神のなした行為）を肯定し受け入れたということです。笑いとは共鳴であり、肯定の最上級の行為です。笑うと体の免疫力が上がり、病気の心配がいらなくなります。そして自分だけでなく周りの人たちも元気になります。

感謝をして「ありがとう」をたくさん言っていると、奇跡的なことやおもしろいことが起き、人間関係の悩みもなくなる、ということも、数え切れないほど実例報告がされています。もともと**「ありがたし」「ありがとう」という言葉は神にささげる賞賛の言葉ですから、それをずっと言われ続けたら、神さまもその人を支援しようと思うのでしょう。**

最近生活がうまくいっていないと思ったら、「そ・わ・か」のどれかが足りないのかもしれません。その足りないことをちょっと多めにやってみてはどうでしょうか。

059

「そうではない」「違う」「嫌だ」。

「非《あら》ず」と思う「心」が「悲」。

「非ず」の「心」が、「悲しみ」を生んでいる。

悩みや苦悩は、私たちの中にある狭い価値観や、好き嫌いの感情によって生まれるのではないのでしょうか。

自分の思うような人であれば受け入れる（好きになる）が、自分の思うような人でなければ受け入れない（嫌いになる）、という選び方をしている限り、私たちは悩みや苦悩から抜け出すことができないように思います。

子どもの成績がよければ愛することができるが、成績が悪ければ好きになれないというのは、その子を本当に愛していることになりません。

その子がどういう状態であっても一喜一憂せずに受け入れていくことで、実は、一番楽で幸せに生きられるのは、「私」自身なのです。

日常の中で大事なことは、目の前の人や現象を、好き嫌いや良い悪いなどで分けるのではなく、すべてをありのままに「受け入れる」訓練をしていくことではないでしょうか。

私たちは何気なく「今日も暑くて、嫌になっちゃう」とか「雨が降ってばかりで気が滅《め》入《い》る」などと口にしてしまいます。

まずはそのような「天気の悪口」を言わないで、毎日の天気をそのまま受け入れるところから始めてみましょう。

060

大変なときは
自分が大きく変わるとき。
変われるとき。

どんな出来事があっても「笑顔で淡々と乗り切る」ことができるかどうかを、宇宙は見ているようです。

心の勉強をしてある程度人格が上がってくると、いわゆる理不尽な出来事に出会います。**実は、その出来事が理不尽であればあるほど、人格が上がったことの証明ですから、そのときはついに〝卒業試験〟が来たと思って喜んでください。**

「そういうこともあるよね」とニコニコ笑っていると、同じような現象はもう起きなくなります。しかし、「どうしてこんなことが起きるの？」「なんで私がこんな目に遭うの？」と言い続けていると、現象も続く。そういう仕組みになっているようです。

聖書にある言葉です。——なぜかなぜかと問いかけることなかれ——。

周りの人や出来事に対して「どうしてこうなの？」「なんでそうしないの？」と聞くことは、あなたの言うことや、やっていることが全部気に入らないと言っているのと同じです。つまり、宇宙が起こしていることを全部否定しているということ。

ですから**損得勘定として、早く合格したほうがいいでしょう。**

「大変」という字は「大きく変わる」と書いてあります。大変なときは、自分が大きく変われるチャンスなのです。

061

対面《たいめん》同席《どうせき》五《ご》百生《ひゃくしょう》。
対面し同席する人は、
人生を最低五百回一緒しているとか。
ずいぶん長いおつき合いに、感謝です。

お釈迦さまの言葉に「対面同席五百生」というのがあります。対面し同席する人というのは、最低でも500回、人生を一緒に過ごしているという意味です。

私たちは毎日の食事のほとんどを、家族や職場の同僚と一緒にしています。それ以外の人と食事をするというのは、よほど特別な状況や環境に置かれていない限りそう多くはありません。少ない人では100人とか200人という人もいるでしょう。多い人でも数百人の範囲。

ということは、**一緒に食事をするということは、ものすごく密なる人間関係であるといえるのではないでしょうか。**同様に、今自分と気持ちの合わないような人でも、それは前世までに非常に親しい関係があったということがいえそうです。

私たちには敵とか味方という区別はなく、今生でのお互いの役割を演じながら、支え合い、助け合って生きていくということを、シナリオで書いて生まれてきたのかもしれません。

今生でどんな関係であっても、前世までにとても親しい関係であった人が、私たちの周りに現れてきているということになるようです。

062

他人を責めず　自分を責めず
ただただ笑って生きる

ほとんどの人がストレスを感じるようなことに対しても、**「私だけ」ストレスを感じることがなければ、人生をとても楽に生きることができます。**それには神経をゆるめて、ボーッとすること。他人の言動にいちいち反応するのをやめて、自分はたいしたものではない、ろくなものではない、と思い切ることができたら、誰から何を言われても何をされても痛くもかゆくもなく、ストレスも感じなくなるでしょう。

「許す」という言葉の語源は「ゆるます」です。自分に厳しい人は、他人に対しても厳しくなります。神経をゆるめて、自分に甘く、他人にも甘く、許して生きると、自分が楽になります。

きちんとするということで自分を痛めつけているかもしれません。良い母や良い嫁でなければいけないと思うことはやめましょう。よく見られたいとか、バカだと思われてはいけない、と思うことがストレスになり、自分自身を痛めつけることになります。

自分がろくなものではない、と思い切ることができたら、ありのままでいられて、何より自分が楽になります。どんなことを言われても、にっこり笑って「ありがとう」と言えたら、自分自身が楽になり、得をするのです。

頑張ることは、もうやめにしませんか。

063

誰も来訪しない「世捨て人」は、
誰も来訪しない「世捨てられ人」。
必ず誰かが訪れて「世捨て人」になれない人。
「人」の「間」で生きている人間。

「世捨て人」という言葉がありますが、**実際には世の中に「世捨て人」は存在しないのではないでしょうか。**

例えば、とても徳の高い人がいたとして、その人の話を聞くと多くの学びがあり、そばにいるだけでとても温かい気持ちになり、勇気づけられるとします。

もしその人が「私は80歳になったので、山にこもって隠遁《いんとん》生活をしたい」と言って、はるか彼方《かなた》の山奥に住んだとしたら、皆さんならどうするでしょうか。

もし本当にこの人に会いたい、この人の話を聞きたいと思ったら、どんなに辺鄙《へんぴ》なところであっても、会いに行くのではないでしょうか。あなただけでなくほかの人たちも、この「世捨て人」を放ってはおかないでしょう。

「自分は世捨て人だ」と言っている人は、実は「世捨て人」ではなく、世の中の人に捨てられた「世捨てられ人」なのかもしれない。自分は人を愛することをせず嫌っているから、周りの人もその人を嫌い、訪ねても来ないのです。

人は、社会の中で人と人との間で生きて、初めて「人間」になります。

周りの人を愛し、周りの人からも愛され、頼りにされて生きることのほうが、豊かな人生といえるのではないでしょうか。

064

「使われる命」が「使命」。
「天」によって「つかわれる」私の命。
真ん中の「わ」(和。宇宙との調和)を拒否すると
「つか(疲)れる」。

「不平不満、愚痴、泣き言、悪口、文句」を一切口にしないという生活を3ヵ月から6ヵ月続けていくと、頼まれごとが始まります。**「あなたにやってほしい」と頼まれたことは、できないことなどありませんから、基本的に全部引き受けていきましょう。**ただし、単なる頭数を合わせるための誘いや、すでに先約がある場合は断っても構いません。

頼まれごとが始まったら、ただひたすらやっていくというのが「頼まれごとの人生」です。そのように生きていくと、自分がある方向のもとに使われていることに気がつきます。それが「使われる命」――使命、天命というものです。

「つかわれる」という言葉は、真ん中に「わ」の字があります。これは、宇宙からの要請に応えて、宇宙と「和」すること、ということ。宇宙と和することが「使われる」ことであるのでしょう。

宇宙からの要請に応えていれば、どんなに働いても疲れません。でも、宇宙と和することを拒否して、自分の好き嫌いの感情や自我で生きていくと、和（わ）がなくなり、「つかれる（疲れる）」という状態になります。

頼まれごとをしていくうちに、自然に使命、天命というものが見えてきます。それからの人生はすごく楽しいものですから、早くそこに到達してみてはどうでしょう。

065

頼みやすい人、
頼みにくい人。
頼みやすい人でいるのは、
ちょっとおしゃれ。

私たちが生まれてきた目的は「いかに喜ばれる存在になるか」ということです。それはつまり、「いかに頼まれやすい人になるか」ということでもあります。

「頼まれごと」とは、自分で汗をかいてその人の要望に応えることをいいます。自分にできることは、頼まれたらどんどん引き受けていきましょう。

頼まれごとは「適当に」やることをお勧めします。適当とは「適度に」ということ。「引き受けたからには、いい仕事をしなくては」などと気負わず、そのときの力で〝良い加減〟で適当にニコニコとやっていけばいいのです。頼まれたときに、自分にはできないと勝手に判断して断ることを傲慢といいます。基本的に、できない頼まれごとは来ません。

しかし、自分の中に「できないことでもなんでも、引き受けてやるぞ」という気迫があると、できないことまで持ち込んでしまい、行き詰まるかもしれません。引き受けたら自己嫌悪が（引き受けないときよりも）大きい場合や、物理的に不可能な場合は断ってもいいのです。不平や文句ばかり言っていたり、笑顔も見せず眉間にしわを寄せたりしていると、人から頼まれにくくなります。

「頼んだことを気持ちよくやってくれるから、あの人にまた頼もう」と思われたとしたら、「喜ばれる存在」として、ひとつ実践できたことになるのではないでしょうか。

066

地球が味方　宇宙が味方　神さまが味方
みんなが味方　みんなの味方

神さまが応援したくなるような5つの人格があります。

①「うたし」な人。人からうれしい、楽しい、幸せ、と喜ばれることが人生の目的であると考え、頼まれたことを喜んで引き受けている人。

②きれいな人。見目形や立ち居振る舞いがきれいな人。心がきれいな人。身の回り（特に汚れの目立つトイレ、風呂、洗面所などの水回り）をきれいに掃除している人。

③謙虚な人。自分の人生はすべて周りの人や神さまたちのおかげで成り立っている、自分の力はゼロだと思い切れる人。周りのすべてに感謝している人。

④素直な人。いい話を聞いたりアドバイスをされたりしたら、屁理屈《へりくつ》を言わずに実行する人。

⑤誠実な人。人との約束をきちんと守る人。

これらのうち、いくつでもいいから実践をしていくと、神さまは微笑み、味方をしてくれるようです。**周りの人たちから喜ばれ、愛され、信頼されて、お金や仕事にも困らず、病気の心配もなく、毎日を楽に楽しく過ごすことができます。**そして、自分の力ではどうにもならないような問題が起きたときに、その大きな力で助けてくれることにもなるのです。

067

手を放せば自由。
捕らわれているのではなく
つかみ続けて不自由な私。

宇宙の法則に「出せば入る」というものがあります。

今、「私」のコップの中にコーヒーが入っているとします。宇宙がその中に違うものを入れてあげようと思っても、コーヒーが入ったままだと、入れてもらうことができません。コップが空であれば、紅茶でもジュースでも、なんでも入れることができます。もしかしたら、宇宙が何かを入れてあげようと思うかもしれない。でも「私」の中に手放したくないものがあっていつも満杯にしていると、何も入れてもらえないのです。

私はこの法則を試してみようと思い、20年ほど前から「手放す」ことを考えながら生きてきました。お金も「生きるように」使おうと決意しました。お金があるときだけそうしようというのではなく、常に喜ばれるように使ってみたのです。そうしたところ、いつも財布の中身を確認しなくても、その時々に必要な金額が入っていて、支払いに困ることがありませんでした。別にお金持ちでお金が余っていたわけではありません。人から借りたときもありました。それでも、喜ばれることだけを考えて使っていった結果、必要なときに必要なお金が入ってきました。

自分の中で何か手放したくないものがあるという人は、それを放してみると、滞っていた問題もスムーズに流れていくのかもしれません。

068

努力しつつ、宇宙に呪いを言う人は、
宇宙を敵にし、自分だけで闘っている。
努力せずとも、宇宙に感謝を言う人は、
宇宙を味方に、宇宙とともに生きている。

「おごり、高ぶり、うぬぼれ、傲慢」の本質というのは、自分以外のものを信じず、すべて自分の才能と努力で人生をつくりあげてきたと思うこと。

その反対に、**自分の力などまったくなく、すべて周りの人たちによって助けられ、生かされているのだ、と感謝することが「謙虚」です。**

実は、自分の力だけでやろうとするよりも、はるかに効率よく結果が得られる方法は、自分を取り巻くすべての人・こと・ものに対して「ありがとう」を言うことなのです。

自分の力だけで努力している人の力量を1とすると、100人の人に感謝をして「ありがとう」を言って100人の味方を得た人の力量は、100になります。

「ありがとう」という言葉は、もともと神にささげる賞賛の言葉ですから、その言葉をたくさん言えば言うほど、神さまが味方になってくれ、計り知れない力で支援をしてくれます。

「自分の実力や努力でやっている」と思い、頑張って必死になって、体を壊しながら生きていくより、**「皆さんが支援してくださるので、自分はただ周りに感謝するだけ」という方向に切り替えることをお勧めします。**それが最も楽に生きられるコツだからです。

069

泥の中から花が咲く。
泥が濃いほどみごとに咲く。
悩みが濃いほど大きな〝悟り〟。

お釈迦さまの台座の花は蓮《はす》の花です。蓮の花は泥水の中からしか立ち上がってきません。きれいな真水からは立ち上がって来ない——。蓮が咲くためには、泥がどうしても必要なのです。

泥とは、人生になぞらえれば、一般的にいう悲しいこと・つらいこと・大変なこと。

私はこの十数年、蓮の花をずいぶん観察してきました。その結果わかったことは、**泥水が濃ければ濃いほど（水が汚ければ汚いほど）、蓮は大輪の花を咲かせるということです。**

私たちはいろいろな悲しみ・つらさ・大変なことなどを経ない限り、美しい花を咲かせることはないらしいのです。

蓮の花とは、まさに人生の中で花を咲かせること。そして、その花の中に実があるのが「悟り」ということにほかなりません。つらく悲しい思いがなければ、人間は悟ることがないのだ、ということを、お釈迦さまは伝えたかったらしいのです。

花を咲かせるためにそういうものが必要であるということがわかれば、つらいことや悲しいことを体験したときに、それらを不幸なことや悲劇的なことだと決めずに、「**ああ、私は美しい花を咲かせることができる**」と思って乗り越えることができるのではないでしょうか。

070

どんなものにも無限の価値。
どんな人にも無限の価値。

心臓というのは、片時も休むことなく動き続け、私たちの体内に血液を送っていますが、自分がなぜそのように働いているのかは知りません。ただ遺伝子のとおりに淡々と働いているだけです。ほかの臓器も同じです。「なぜこんなことをしているのか」などと問う臓器はひとつもありません。ただ「私」の体を生かすために、自分に与えられた遺伝子のとおりに働いています。

その臓器のどれかひとつでも欠ければ、体は正常に動かなくなります。すべての臓器が働いて、初めて「私」の体が成り立つのです。つまり、**どれが重要でどれが重要でないということがなく、すべてが等しく重要な存在といえます**。宇宙は、人間の体を通して「宇宙の仕組み」を見せてくれているようです。

翻って、私たちの人生というものを考えてみます。よく「私の天命や使命は何か」と気にする人がいますが、そのようなことを考える必要はありません。人生の中で、やる羽目になったことを、誠実に淡々とやっていけば、自然とその方向性が見えてくるでしょう。

世の中に価値のない人など、ひとりもいません。すべての人が、必要だからこそ生まれてきているのです。「あなたにやってほしい」と頼まれたことは、どんなことでも喜ばれること。**頼まれごとをやって喜ばれた瞬間に、「私」の存在は宇宙に光り輝きます**。

071

投げかけたものが返ってくる。
愛すれば愛される。
愛さなければ愛されない。

水というものは、人間の体内に入る前にある情報や方向性を与えると、実際にそのとおりに働くという特性を持っているらしい。目の前に存在する水蒸気も同じことです。

例えば、夫や姑に対して、顔を見なくてもよいから「**愛してる、大好き。ありがとう**」と言っていると、そのきれいな結晶の水蒸気が隣の水蒸気に情報を伝え、それを夫や姑が吸い込み、**3ヵ月くらいたつとその人の人格が変わるようです。**

好きな人と結婚したいのに「なぜあの人は同じように思ってくれないの」と言っていると、相手に対する文句や不平の情報を持った水蒸気が相手に伝播《でんぱ》するので、二人の関係はもっと悪くなります。

30日に1回しかデートができない場合、その日をとても幸せだと思っていると、その恋愛は成就します。30日に1回喜びが上乗せされて、恨み言がゼロだからです。でも30日に1回しか会えないから、残りの29日間はつらくて悲しいと言っていると、29日分の恨み言や憎しみごとを宇宙に向けて発しているので、相手はその恨み言の水蒸気をずっと吸い込んで、その人との関係が苦しくなっていきます。

そうならなくては嫌だと思っていると、そうならない。**そうならなくてもいいけど、そうなったらうれしい、という喜びの上乗せで考えていると、相手を元気にするのです。**

072

投げかけたものが返ってくる。
投げかけないものは返らない。

「投げかけたものが返ってくる」というのは、物理学では「作用」「反作用」、仏教では「動」「反動」と呼びますが、意味は同じことです。

愛すれば愛される。感謝すれば感謝される。喜ばれるように生きていると、喜びに囲まれることになる。その反対に、愛さなければ愛されない。感謝しなければ感謝されない。自分のことしか考えないで生きていれば、エゴに囲まれるようになる。

いつも「つらい」「苦しい」「悲しい」「悔しい」と愚痴を言い続けていると、状況は一層そのようになります。体に不調な場所が増え、病気になることもあります。否定的な言葉が体内の細胞の水を破壊し、それによって自らの体が蝕《むしば》まれるからです。

その反対に、**「うれしい」「楽しい」「幸せ」「ありがとう」という喜びや感謝に満ちた言葉や行為を投げかけていると、「そんなに生きるのが楽しいのなら、もっと元気になりましょう」と体が反応して、ますます元気になるようです。**

自分は病気だから何もできないとか、この問題が解決したら人に何かしてあげられるのに、と言う方がいますが、それは順番が逆らしい。先に投げかけをすることで状況が変わり、病気が治ったり問題が解決したりすることがあるのです。この宇宙法則を使わない手はありません。まずは実践する（「投げかける」）ことから始めましょう。

073

「投げかけ貯金」の報酬は、
「お金」か「パワー」か、好きに選べる。
使うとなくなる「お金」の貯金、
人脈展開、「パワー」の貯金。

自分の流した汗というのは2通りの報酬で返ってきます。ひとつは金銭で、もうひとつは「宇宙預金」（パワーや人脈）というものです。お金か宇宙預金か、どちらか好きなほうを選べます。お金のほうは、定期預金にしても利率は0・1％以下ですが、宇宙預金は年利が100％で複利ですから、来年は100万％、再来年は10億％になり、お得です。

ただし、この年利というのは、例えばゴミを拾うとか、トイレ掃除をするとか、自分のやっていることをなるべく見られないようにすると高くなるように設定されています。さらに、やっていることに対して「不平不満、愚痴、泣き言、悪口、文句」のいずれかを口に出したとたん、瞬時にしてゼロになります。宇宙預金はものすごくシビア。これは道徳論ではなく、宇宙の法則としての話です。

まったく報酬のない汗をたくさん流している人ほど、実はものすごいパワーや人脈を貯めています。親の介護や障害児の世話をするなど、人から見て大変なことをやっている人は「このおかげで宇宙預金が始まるんだ」と思って見方を切り替えてみたらどうでしょうか。

利息は勝手に降ってきます。どんな形で自分を助けてくれるか、何が起きるかわかりません。そう考えると、ワクワクしてきませんか。

074

7つの幸せの言葉
うれしい　楽しい　幸せ　愛してる
大好き　ありがとう　ついてる

ウツ病というのは、ウツ病を持ち込んでくる霊体というものがあり、それが憑《つ》くと発病し、離れたときに突然に治る病気のようです。

ウツの霊体は、暗い顔をして暗い言葉を口にし、暗い生き方をしている人に憑くのが好き。**ウツの霊体が嫌いな言葉は、うれしい、楽しい、幸せ、愛してる、大好き、ありがとう、ついてる**（これらの言葉を、七福神《しちふくじん》ならぬ祝福神《しゅくふくじん》と呼んでいます）**などの明るい言葉**で、特に嫌いなのが「ありがとう」。そして笑顔も大嫌いです。

ですから、治したい人は、楽しくなくてもいいから明るい表情で「祝福神」を言い、ダジャレを言ってはひとりで笑っているような「バカみたいな」生き方をすればいい。

自分はウツだから「うれしい、楽しい、幸せ」なんて言いたくないし、笑いたくない。笑っている人の声も聞きたくないし、笑顔も見たくない。そんな人間はどうしたらいいか、と聞いてきた方がいました。私は、別に説得しているのではなく、方法論をお伝えしているだけで、あとは本人がやってみるかどうかの問題です、とお話ししました。

結果的にその方は、その後**「祝福神」を３０００回言い続け、１週間でウツ病が治ったと報告をくれました。**

実践してみればすべて自分の側で解決できるようになっているようです。

075

肉体の死と存在の死。
「存在」が語り継がれる間は、
その人は死なない。
「その人の存在」は笑顔など
「与えたもの」に残る。

人の死には2種類あると思います。ひとつ目は「肉体の死」です。人は必ず肉体の死を迎えます。どんな人も「肉体の死」を避けることはできません。

もうひとつの死は「存在の死」というものです。**その人の存在をすべての人が忘れてしまったとき、存在の死（本当の死）が訪れます。**存在していたことを仮にたったひとりでも覚えている間は、その人はまだ「生きている」といっていいかもしれません。

では、お釈迦さまは死んでしまったのでしょうか。キリストは、ソクラテスは、あるいは聖徳太子《しょうとくたいし》は、坂本龍馬《さかもとりょうま》は？

誰でも肉体の死は避けることができません。しかし存在の死を遅くすることはできる。私たちの人生は、いかに肉体的に長生きをするかではなく、いかに自分の存在を証明する何かを残していくか、ということに尽きるのです。

その何かとは、**業績や名声や地位などではなく、「人に何をどれほど与えたか」ということです。**

思想や哲学、生き方、愛情や温かさ、笑顔、誠実さなど……。そして、その人がいかに多くの人に喜ばれる存在であったか、ということを問われているのだと思います。

076

半分「しかない」水。
半分「もあってうれしい」水。
半分「も残してくださってありがたい」水。

コップに水が半分入っているとします。それを見て、「半分しかない」と思ったとしたら、不平不満・愚痴・泣き言・悪口・文句の対象になります。逆に、**「半分も残っている」と思えば、うれしく・楽しく・幸せな現象になり、喜びの対象になります。**さらに「何者かが半分残していってくださった。ありがたい」と感謝することもできます。現象としては、コップに水が半分入っている、というだけなのに、見方によってまったく違ったものに感じられます。

一般的にいう「不幸」の代表として病気と事故がありますが、病気をした人は「より優しく」なり、事故に遭った人は「より謙虚に」なります。「なんで自分だけが不幸な目に遭わなくちゃならないんだ」と言う人もいれば、病気や事故のおかげで人格が向上したと感謝する人もいます。

私たちの日常生活というのは、実はこういうもののとらえ方の違いによって成り立っているのではないでしょうか。目の前の現象はもともとニュートラル（中立）でなんの意味づけもされていないのに、私たちが勝手に評価・論評を加えているということです。

すべては自分の心が決めています。

077

人に「うれしい・たのしい・しあわせ」と喜ばれ、
自分も「う・た・し」と思えるように。

人は、笑顔を見たり、楽しいものに出会ったりすると、細胞が活性化し、若返ります。さらに、**自分が「うれしい」「楽しい」「幸せ」「愛してる」「大好き」「ありがとう」「ついてる」**（これらを七福神ならぬ「祝福神」と呼んでいます）**と思ったり言葉にしたりするだけで元気になり、やはり細胞が活性化し、若返ります。**

Ｏ《オー》‐リングという実験があります。自分の利き手の掌《てのひら》を上に向け、親指と人さし指でアルファベットのＯの字（Ｏ‐リング）をつくります。「つらい」「悲しい」「つまらない」と言ったあと、Ｏ‐リングが開かないようにグッと力を入れ、誰かに開けてもらいます。開ける人も両手にＯ‐リングをつくり、それを開けられる人のＯ‐リングに通して、左右に引っ張ります。すると、なぜか力が入らず簡単に開けられてしまうのです（屈強な男性のＯ‐リングを女性が開けた場合もそうなります）。

その反対に、うれしい、楽しいなどの「祝福神」の言葉を言ったときや笑顔を見たときは、Ｏ‐リングはすごく強くて開きません。明らかに細胞や筋肉に力がみなぎるのがわかります。このように心と体は不思議に連動しているのです。

人に「うれしい・たのしい・しあわせ」と喜ばれ、自分も「う・た・し」と思えるように実践することは、心と体の両方が元気になる「得な」生き方になりそうです。

078

物質世界と精神世界を融合させるキーワード、「実践」。

経典の「経」という字には「縦糸」という意味があります。その「縦糸」に対して「横糸」がないと布になりません。横糸とは実践のことではないでしょうか。**教えを実践して初めて布ができる、形が見える**、ということをお釈迦さまは後世に残されたようです。

これまでに私が発見した宇宙の方程式の中に「そ・わ・かの法則」というのがあります。掃除・笑い・感謝に関する法則です。トイレ掃除をしていると臨時収入が入ったり、仕事を頼まれたりしてお金に困らなくなる。笑っていると元気になり、病気の心配がいらなくなる。周りの人たちに感謝して「ありがとう」を言っていると、みんなが味方になって助けてくれて、人間関係に困らなくなる——というものです。

このような話をしたときに、「どうしてそうなるのですか？」「ありがとうの代わりにメルシーと言ったらどうなるのですか？」「心の中で思っているだけでもいいのですか？」と聞いてくる人がいます。まだ本人はやっていないのに……。

宇宙の法則は、すべて自分にとって得になるようなことばかりです。だから「自分のため」に楽しんでやる。**実践とは、外に向かって言葉に出し、体を使って実行することです。**心の中で言ったり、やったつもりになったりしてもなんにもなりません。

横糸である実践をして、初めて自分の布ができていくのです。

079

迷ったとき、
風が吹いていますか。
川が流れていますか。
「風」と「流れ」が答えを示しています。
それに従う「風流《ふうりゅう》」な人。

「今こういう状態なのだけれど、このことをやったほうがいいだろうか。やらないほうがいいだろうか」という質問をされることがあります。

そのようなとき、私はいつも答えます。**「風が吹いていますか。川が流れていますか」**と。

これは、自分の好みとは関係なく、「それはあなたがやったほうがいいですよ」というように風が吹いているか、あるいは、川が流れて自分をその方向に押し流してくれているか、という意味です。

自分の意志とは関係なく、そういう方向に流れていない場合は、いくら自分がやりたいことでも、なるべくやらないほうがいいように思います。その逆に、**なんとなくそちらのほうに流されている、あるいはやる羽目になった、という場合はやったほうがいいようです。**

ひとつひとつのことについて、自分の「好きだ、嫌いだ」という自我をなくすこと。それが、神や仏のメッセージを聞くことのような気がします。それに従っていくことが、人生を楽にし、楽しくするようです。これが「風流」な人。

好き嫌いでものを選ばず、宇宙的にある方向を示されていると感じたら、ぜひそちらに足を踏み入れてみてください。きっと楽しい人生が展開することでしょう。

080

周りの評価で一喜一憂するから
すぐ落ち込んで、すぐ有頂天になる。
以上でも以下でもない私。

自分にとって悲しい出来事やショックなことがあると、すぐに落ち込む人がいます。落ち込む人には共通した人格があることがわかりました。それは、人から褒められたときに、我を忘れるほど喜んだり、普通の人以上に有頂天になったりするということです。それと同時に、そのような人は、批判的な言葉や、聞きたくないような不快な言葉、自分が認めたくないような評価を受けると、落ち込んでしまうのです。

「落ち込み」と「有頂天」というのは、持っている人は両方持っていて、持っていない人は両方とも持っていない。つまり、落ち込む人は褒められると有頂天になるけれど、**落ち込まない人は、褒められても有頂天にはならない**、ということのようです。

有頂天になったり、落ち込んだりするのは、幼児性の表れでもあります。自分自身の生き方や考え方が確立できていれば、たとえ人からどのような評価を受けても、落ち込んだりはしない。その代わり、人から高く評価されたり褒められたりしても、有頂天になったり、うぬぼれたりもしません。褒められれば誰でもうれしいものですが、褒められなければ嫌だ、批判されるのは嫌だ、というのは自分をつらく苦しくします。

褒められると元気になるのは確かですが、**他人の評価で一喜一憂しないことが、自分の人生観をつくったということであり、大人になるということではないでしょうか。**

081

「未熟な私」が人を傷つけたときは、
その倍の〝投げかけ〟をしましょう。
「未熟な私」が迷惑をかけたときは、
その倍の〝投げかけ〟をしましょう。
「未熟な私」の「倍《ばい》投《な》げ」を、
宇宙はきっと喜んでいます。

人間は完全ではありませんから、間違いを犯すことも当然あるでしょう。人に迷惑をかけたり、誰かを傷つけてしまったりします。そのようなときに、「あの判断は間違いだった。別の判断をしていたらよかったのに」と悔やむ人がいますが、決してそのような必要はありません。

誰でもそのときに最善だと思える選択をしています。自分が生まれる前に書いたシナリオのとおりに選択しているのであり、どんな場面でも「その人にはその選択をするしかなかった」ということです。

ですから、過去のことを振り返ったり反省したりしてもいいのですが、本質論がわかると、自分を追いつめるほどの自己嫌悪や罪悪感を持つことはあまり意味がないといえます。

誰かを傷つけた場合、心が痛むのは仕方ありませんが、それをいつまでも引きずるのはやめましょう。

今、この瞬間から積極的に「プラスの投げかけ」をして、より人に喜ばれる存在になることを実践していけばよいのではないでしょうか。そうすれば、結果的に差し引きプラスの投げかけができるようになります。そのことを、宇宙はきっと喜んでくれるでしょう。

082

皆が好意的ならうぬぼれてダメになる。
皆が批判的なら萎縮してダメになる。
自分を最も向上させてくれる、
好意50%、批判50%。

人生で出会うすべて１００％の人が「あなたの言うことは、すべて正しい。好きなようにやりなさい」と言ったとしたら、どんな人でも傲慢になって、ダメな人間になってしまうでしょう。その反対に、１００％の人から「お前はダメな奴だ。お前のやっていることは全部間違っている」と言われたら、萎縮し、自信を喪失して、やる気も失い、やはりダメになることでしょう。

では、最も効率よく成長させるために、どのような構造になっているかというと、「**50％の温かく優しい人と、50％の冷たく厳しい人**」が存在するということです。そのように自分の人生のシナリオに設定し、それぞれの人にお願いして、いてもらったのです。

ほとんどの場合は人数的に半々ですが、ときには99対1ぐらいの偏りがある場合があります。つまり99人が褒めてくれて、批判者がひとりだけという場合です。そのようなときは批判者がものすごく手厳しいですから、エネルギーの大きさ、強さでいうと、やはりちょうど50対50になっています。

一生涯で自分が喜びとして味わう総量と、自分がつらいと思う総量は同じようになっていて、必ずその両方を体験し、**50対50のバランスの上で成長するようになっているようです。**

083

「迷惑かけずに生きる」より
手を合わせての「ありがとう」

「人に迷惑をかけないで生きてきたのに、なぜ病気になるのか」と言う方がおられます。しかし、人間は本当に誰にも迷惑をかけずに生きることができるのでしょうか。

迷惑をかけないように考えて生きてきたけれど、結果的には迷惑をかけてきた、というのが宇宙的な事実。実際問題として、人間は生きているだけで迷惑な存在です。食べ物としてたくさんの動植物を犠牲にし、自然を破壊し、ただ歩いているだけでも無意識のうちにアリなどをつぶしていることもあります。

そのようなことを考えたら、「迷惑をかけていない」などと言い切れないのではないでしょうか。その方は、これまでの人生を、自分の力だけで生きてきたと思っているのかもしれません。そのことを気づかせるために病気になった可能性もあります。**病気になれば、嫌でも人の世話にならなければならず、自分が無力だということにも気づき、周りに対する感謝の気持ちが自然に生まれてくるからです。**

周りの人やさまざまなものに支えられているということに気づいたら、自分がどれだけ恵まれているか、どれだけ幸せ者であるかがわかります。**そのすべてに手を合わせて感謝をし、人の好意を素直に受けて甘えて生きることができれば、自分も楽であり、豊かな人生が送れることでしょう。**

084

恵まれている人は、
なんでもあたりまえなので不満が多くなる。
恵まれていない人は、
なんでもありがたいので感謝が多くなる。

講演会の2次会で、このような質問をされた方がおられました。

自分は幸せですが、家族に対して100％は感謝ができない。感謝したほうがよいのでしょうか、というものでした。**私は、感謝できないのなら別にしなくてもいいし、感謝するべきだという話をしているのではありません、**とお答えしました。

特別なことが起きたときだけ感謝をするというのは本質ではありません。感謝する対象は日常生活にたくさん隠れていますが、感謝したくないのであれば、感謝したくなったらすればいいのです。人生を楽しくするという意味ではやったほうがいいと思いますが、無理にやることではないし、感謝できない自分を責めることもありません。

交通事故に遭ったり病気になったりすると、家族や周りの人たちや、宇宙にも感謝をしたくなると思います。**今まで何事もなく過ごせてきたことが、どれだけ幸せかということに初めて気がつくからです。**

何もないときに手を合わせて感謝をしている人には何も起きませんが、感謝をしていない人には「何か事故が起きないと、わからないのですね」と、わからせるためにそのようなことが起きる、という宇宙の構造になっているようです。

損得勘定で考えると、感謝をしたほうが自分のためになるといえそうですね。

085

もう十分やってきたのだから、

「まだまだ」「もっともっと」はしばらくお休み。

「よくやってきたね」「頑張ってきたね」

と言われれば、体も心も元気になります。

他人に対してはともかく、自分のことを許していない人は結構多いような気がします。そのような人は「このままではいけない」「もっと努力しなくては」と、ずっと自分で自分を責めて痛めつけてきませんでしたか。

自分のことも周りのことも全部許し、受け入れられるようになると、心が穏やかになり、体の痛みも和らいでいくようです。

これからは、自分に対しても他人に対しても、「ゆるやかに甘く生きる」という方法論をとってみたらどうでしょう。今まで精一杯やってきた自分を褒めてあげるのです。「もっと頑張れ」「まだ不十分だ」と言っていた自分自身を許せるようになると、体はゆるみます。そして、自分を許せるようになると、他人にも寛容になれます。

一度ゆだねてみましょう。

大きな問題にぶつかったとき、自分の力と努力で乗り越えられるのなら努力をしてもいいと思います。でも、**どんなに頑張っても解決できない問題のときには、ただひたすら周りの人や目に見えない世界の方々に感謝をして、「お任せする」という方法をとってみるのです。**怖がることはありません。自分以外の大きな力に甘えて、感謝をしながら生きていくことは、「心の豊かな生き方」といえるのではないでしょうか。

086

もともと心は鏡のような湖。
平らで静かで穏やかだ。
心に波が「起こる」のが、「怒る」。
心に波が「起こらない」のが、「怒らない」。

怒りという感情は、周囲や社会から後天的に刷り込まれたもののようです。

もともと平静で穏やかだった心が、立ち上がり、「起こってくる」ことを「怒る」とか「腹が立つ」といいます。そして、そのような状態でないことを「起こらない」、つまり「怒らない」「腹が立たない」といいます。

人は腹が立つようにはできていないはずなのに、なぜ腹が立つのでしょう。

それは、気に入らないことがあったら相手を怒って問題を解決する、というやり方を大人が見せ続け、それを子どもたちに教え込んでしまうからです。

宇宙現象として、腹が立つ状況というものはありません。自分が勝手に腹を立てているだけ、演技しているだけなのです。ですから、安らいで笑顔のときは人は疲れませんが、怒ったあとは疲れます。もともと持っていないものを演技して見せているからです。

本来、人には怒りの感情がないということに気がついてしまうと、腹が立たなくなります。これからは、**笑顔で話をして問題を解決するという方法を親が教え込んでいくことにしましょう**。そうすると、子どもはその方法論しか覚えません。

人間が本能的に持っているもの、先天的な遺伝というのは、美しい笑顔なのですから。

087

求め探して手に入れる前半生、
放して捨てていくだけの後半生。
捨てるほどに軽くなる。

日本人の死因の第1位はガン、第2位は心筋梗塞・心臓麻痺、第3位は脳梗塞・脳いっけつですが（編集部注＝執筆当時）、この3つは、**人格と生き方によって生じる生活習慣病です。**

ガンは免疫力が深くかかわっている病気。人と争ったり、否定的な言葉ばかり言ったり、腹を立てたりしていると、体の部品がどんどん弱っていきます。

心筋梗塞・心臓麻痺、脳梗塞・脳いっけつに共通する症状は高血圧ですが、その原因はストレスです。ストレスは、自分の思いどおりにしようとすることが叶わないために生じます。体が弱っていく人は、「頑張って」「必死に」なって自分の思いどおりにしようとしている人なのかもしれません。

若いときは夢や希望を持ち、それに向かって努力することが生きる原動力となることもありますが、**人生の折り返し地点を過ぎたら、そのような「思い」は持たず、宇宙に「お任せ」をして生きていくほうが人生の流れがスムーズになるようです。**

「思い」があると、心も体も重い。「思い」がないと、ストレスもなくなり軽くなります。

人生の後半は、自分の思いは持たずに、頼まれたことをこなしながら、周りの人から喜ばれる存在になって生きることがよいようです。

088

厄年《やくどし》に乾杯。
笑顔を元気「薬《やく》」に、
人の「役《やく》」に立ち、
質素倹「約《やく》」し、
人の優しさを「訳《やく》」して、
明るい未来に飛「躍《やく》」する年。

日本でいわれる厄年は、女性は19や33で男性は42ですが、実はこれらは皆語呂合わせです。19は「重苦（じゅうく）」、33は「散々（さんざん）」、42は「死に」に通じる、というだけのこと。

何年かに一度は、自戒したり、健康に留意したりすることは大切ですから、厄年が存在することは意味があるとは思います。でも、怖がったり恐れたりする必要はありません。**もともと宇宙には「不幸」や「悲劇」というものは存在しないのですから。**

ただ、それでも厄年が気になるという方は、このように考えてみてはいかがでしょう。厄年の「やく」の字を、「薬」「役」「約」「訳」「躍」に置き換えるのです。

笑顔を元気の「薬」として周りの人たちに投げかけ、その人たちの「役」に立つ。自らは質素倹「約」をして謙虚に控えめに生き、人の優しさを「訳」して、周りの人たちに伝え、明るい未来に飛「躍」し、活「躍」する年。

そのようにして前厄《まえやく》も後厄《あとやく》も考えれば、**前後3年間は人の幸せを考え、人に喜ばれる生き方が実践できるのではないでしょうか。**

089

山も海も雲も岩も、みんな、
喜ばれるために存在している。
植物、動物、人間も、
喜ばれるために存在している。
地球上のすべてのものが、
喜ばれるために存在している。

地球上のすべてのものが「喜ばれるために」存在している、というのが私の持論ですが、**毎日使うお金も、実は「喜ばれるように」使われたいという意思を持っているようです。**

お金が入ってこないと言って苦しんでいる人がいますが、そのような人は出せるときに出さないで、入ることばかりを考えているのではないでしょうか。

「喜ばれるように」使えば、お金は入ってきます。喜ばれる使い方とは、例えば、若い芸術家の作品を買ってその人を応援する、はやらない店で食事をして売り上げに貢献する、資金繰りに困った会社に貸して倒産の危機を救う、などです。これを「生き金」といいます。営業努力をしない店や、経営手腕のない社長の問題は、今は置いておきます。

大切なのは、「私」がいかに喜ばれるように「使うか」です。**喜ばれたお金は倍返しで返ってきます。そのお金を貯め込まずに倍にして使っていると、また倍になって返ってきます。**その反対に、お金自身が嫌がる使われ方は、ギャンブル、贅沢《ぜいたく》華美（自分のために高いものを食べる、高級ブランド品を買うなど）、貯め込むこと、この3つです。こういうお金は「死に金」といい、いくら使っても自分のところには返ってきません。

稼ぐことは考えず、喜ばれるように使っていると、お金は喜んでまた「私」のところに返ってきます。この方法を身につけると、人生が楽で楽しくなります。

090

許せば戻る、笑顔と眠り。
前にも増して爽快、元気。
許して最も「得する」自分。
相手を許す「徳」が「得」。

もともと不愉快なこと、人、もの、現象というのは存在しない、そう思う心の問題だ、と言い続けてきました。**すべてのことは、自分を成長させるために自分自身が生まれる前に書いたプログラムのとおりに起きています。**

そうはいっても、どうしても我慢ならない、怒りが消えない、という場合に、ひとつの解決法として「許して得をする」というものがあります。

怒りの対象である相手を、仮に許してみたとしましょう。その結果として何が起きるでしょうか。

相手に腹を立て、トゲトゲしく攻撃的な態度であった自分が、穏やかになるのです。「イライラさせていたもの」がなくなって気持ちがスッキリし、笑顔が出て、ものごとも明るく前向きにとらえられるようになります。よく眠れる、食欲が増す、ひいては体全体が軽くなり、元気になります。

自分にとって恨みや憎しみ、呪いの対象であった相手を許すことで、誰が一番楽になり「得をした」のか。

それはいうまでもなく、自分自身です。そうなるように私たちの心や体は、つくられているようです。

091

世のため人のために働く人を
喜ばせたい。応援したい。
神さまの立場としては
そう考えるでしょうね、きっと。

以前に40歳前後の方で、脳腫瘍のためにあと3ヵ月の命と宣告された方がいました。その方はそれまでの2年間、お金や時間、エネルギーのすべてを、病気を治すことのみに使っていました。しかし、そのころに私の話を聞き、**「生きていても自分のことしかしていなくて、私は喜ばれる存在になっていない。病気かどうかは関係ない。いつ死んでもいいから喜ばれることをしていこう」**と、考えを切り替えたのだそうです。

私たちがこの世に生を受けた目的は、長生きをすることではなく、いかに喜ばれる存在になるかということです。それを意識することが宇宙の法理法則を理解することであり、そのとおりに実践していくと宇宙が味方をしてくれるようです。

限られた条件の中でも喜ばれることを実践する姿を見て、宇宙はもう少し支援しようと思ったのでしょうか。その脳腫瘍の方は、余命といわれた3ヵ月間を病状が悪化することなく無事に過ごし、さらにその後3年間は、一度も病院に行かず、普通に生活を送っています。本人曰《いわ》く「もう治っている」。

不平や不満を言っている間は、宇宙は味方をしません。**日常生活が普通に送れることが、実はどれだけ幸せなことかに気づいて感謝をしていると、「この人はわかっている人だ。もう少し応援しよう」と微笑んでくれるようです。**

092

世の中を　暗い暗いと嘆くより
自ら光って　その闇照らそう

いろいろな問題に取り組んでいる人で、「状況が悪化している、世の中が悪くなっている」と言っている人は、そのほとんどが暗い顔をしています。問題に取り組んでいるエネルギーが1だとすると、その結果暗い顔をして宇宙に投げかけているマイナスのエネルギーが9くらいかもしれません。問題に取り組んでいることよりも、そちらのほうが問題が大きいかもしれません。

自分がいかに恵まれているか、今日の空がどんなにきれいか、海がどんなに素晴らしく青いか——そのようなことに気づき、**「この世に生まれてきてよかった。私は毎日この瞬間幸せだ」と言っていたら、その人は宇宙に対してプラスの周波数を投げかけていることになるので、宇宙もきっと喜ぶことでしょう。**

でも、「ここが問題、これが悪い」と愚痴や泣き言を言っていると、本人は問題に取り組んでいるように思っているかもしれませんが、実際には宇宙に対してマイナスのエネルギーを投げかけていることになります。

このことに気づいたら、これから自分がどういう言葉を発していくかを考えましょう。今まで暗い顔であったのなら、明るい顔と明るい言葉で生きていこうと決める。**明るいものを発すれば、その人がその日から変わったことを、きっと宇宙も歓迎することでしょう。**

093

「喜ばれる存在になる事」に
お仕えするのが「仕事」。
「はた」（周囲）を楽にするのが
「働く」（はたらく）こと。

自分が汗を流すことで、周りの人の役に立ち、喜びを与えることを「働く」といいます。「はた（周り）」を「楽」にするので「はたらく」です。「働く」という言葉には、お金を得るとか報酬を得るという意味はありません。

また、「仕事」という言葉は「事」に「お仕えする」と書いてあります。「事にお仕えする」とはどういうことかというと、「喜ばれる事」に「お仕えする」ということです。ですからこの言葉にも、収入や報酬を得るという概念はありません。

人間の仕事の本質はお金を稼ぐことではなく、自分がいかに喜ばれる存在になるか、ということです。それは「いかにたくさん頼まれごとが来る人になるか」ということに尽きます。そのように喜ばれる存在であり続ければ、商売的には栄えていくのです。

どうやって儲《もう》けようかと考えている間は、お客さんは来ないでしょう。

いろいろな仕事や商売の店を見てきましたが、40年ほど見てきてわかったことは、はやっているところは「どうしたら喜ばれるか」を考えていて、はやっていないところは、「どうやって儲けるか」を考えています。

「どうやったら喜んでもらえるか」だけを考えれば、数字はあとからついて来るのです。

094

喜びは「日常」の中に。
幸せは「日常」の中に。
すべては「日常」の中に。

ストレスをなくす方法というのは2通りあります。ひとつ目は、他人の何十倍も努力をして思いどおりにすること。2つ目は、**どうしたいという「思い」を持たないこと。**

日本の教育は、「足りないもの」や「手に入れたいもの」を挙げて、努力してそれを手に入れれば幸せになれる、という立場です。社会全体もその価値観だと思いますが、この方法ではどこまでいっても終わりがなく、常に「あれが足りない」「これも欲しい」「もっと頑張らなければ」という思いに追われ、心が満たされることがないのではないでしょうか。

2つ目の方法は東洋文明の解決法でもあるのですが、**こだわりや「思い」を持たず、目の前に与えられたことをそのまま受け入れて、それでよしとする考え方です。**目が見え、耳が聞こえ、自由に歩くことができ、人と会って話ができる。それだけでものすごく幸せなことだと気づき、感謝をするというもの。

幸せとは、幸せな現象があるわけではなく、自分が「幸せ」と感じたときに生まれます。**私たちに必要なものはすべて手に入っています。**夫がいない人は結婚が必要でないから。お金があれば家が建てられるのにという人は、まだ家が必要ではないということです。

必要なものは必要なときにやってきます。今、自分の手元にあるものがすべて必要なものである、という構造が認識できれば、幸せを感じることができるのではないでしょうか。

095

喜んでいるあなたを喜んでいる私。
喜んでいる私を喜んでくれるあなた。
喜ぶだけで徳を積む、随喜功徳《ずいきくどく》。

周りから評価をされたり、賞賛されたりするほど、大きく育ってくるエネルギーのひとつに「嫉妬心」というものがあります。女性のほうが嫉妬深いともいわれますが、この嫉妬心を克服する手助けになる方法があります。

それは、お釈迦さまが残した「随喜功徳」という教えです。「随喜」とは「心の底から喜ぶ」「心の底からうれしいと思う」こと。**「随喜功徳」とは、人が喜んでいるときに、同じ気持ちになって心の底から喜んであげることが功徳（徳を積むこと、徳積み）になる、というものです。**

ずいぶん簡単な徳積みのように思えますが、人が幸せであることを嫉妬する心からしたら、その対極にある「わがことのように喜ぶ」ことは、意外に難しいことかもしれません。「嫉妬せぬように」とただ努力するよりも、もっと楽しく楽な方法があると考えることもできます。人の喜びを共有し、わがことのように喜ぶ、それだけで嫉妬心が克服できそうだ、という方法が、「随喜功徳」です。

祝ってあげる、喜んであげる、そういうことを意識して積極的に表現するだけで「徳を積む」ことになるというのですから、ありがたく楽しい話ではありませんか。

096

「弱き者」「病める者」「貧しき者」こそ、
幸せ者。
優しさが、より多く感じられる人たち。

ガンと診断されたにもかかわらず、500人にひとり、自然治癒力でガン細胞がなくなってしまった人たちがいます。その人たちに共通しているのは、**「ガンになる前よりもガンになったあとのほうが、はるかに幸せだった」**と思っているということ。つまり、ガンになってよかったと思った人たちなのです。

ガン患者の仲間というのは、とても優しい人たちです。そこでは皆、まさに命をかけてさまざまな情報交換をしています。ガンにならなかったら、戦うこと、争うこと、競うことだけの価値観で、競争社会のライバルとしのぎを削って一生を終わったかもしれないのに、ガンになった結果、こんなにも優しく、親切で、温かく、明るい人たちがたくさんいることに気がついた。今までの自分ならかかわりを持たなかったような、心温かい人々と知り合うことができて、本当にガンになってよかった。

そのように思える人がいるのです。

ガンになったことでこのような気づきがあり、人生が豊かになったということ。

ガンはつらいと思っているとどんどん進行しますが、感謝をしていると、ガン細胞がとても増えにくくなるようです。ガン細胞は「受け入れること」や「闘わないこと」を実践させるために存在しているのかもしれません。

097

論評せず、
淡々と、ニコニコと、
ひょうひょうと、黙々と、
ただ生きる。

例えば、突然姑が倒れて看病しなければならなくなったとき、どうして私がやらなくてはいけないの、と思うかもしれません。しかし、そのような人は、**「その仕事を淡々とやっていくことで功徳が積める」ようにと、自分が生まれる前に設計図を書いてきたということです。**

普通、功徳を積むためには、人に親切にするなどの施しをしなければなりません。さらに功徳を積むためには山にこもって修行をしたり、座禅や瞑想をしたり、外に出ていろいろと努力をしなければなりません。でも、そのようなことをしなくても、日常生活で一般的に人から「大変ね」と言われるようなことをする羽目になった人は、実は恵まれているのです。ポイントカードのように功徳を貯めることができる状態を与えられたからです。

貯めた功徳は必ず何かの形で自分に返ってきます。

ただし、文句や愚痴を言いながらやっていると、せっかく貯めてきた功徳のポイントがなくなって、ものすごく損をすることになりますから、やる羽目になったら、**淡々と、ニコニコと、ひょうひょうと、黙々とやることをお勧めします。**これは「べき論」や「人格論」でなく、損得勘定としてそうしたほうがいいという話です。

098

ワクに捕らわれているときは、
自分は困惑、周りは迷惑。
2つのワクを取り去れば、
自由な気分で、心ワクワク。

悩みや苦しみというのは、すべて「自分の思いどおりにしたいことが、そうならない」ために起こっています。悩み苦しみが外から降ってくるわけではなく、井戸の呼び水（編集部注＝ある事象を引き起こすきっかけ）のように、自分が「思い」を発することから始まるのです。**すべての「思い」がなくなれば、思いどおりにしたいとは思わなくなります。**

子どもの成績がよくなければいけないとか、登校拒否を直さなければいけないとか、そのように思い込んでいることが問題です。思いどおりにすることをやめてしまえばいい。自分の思いを押しつけようとして、それがうまくいかないために思い悩んでいます。

青少年によるいわゆる凶悪な事件が起きると、教育の専門家は「親は子どもと向き合いなさい」と言います。しかし、「向き合う」というのは、子どもの前に立ちふさがって「こうしなさい」「ここを直しなさい」と言い続けることでしょう。それよりも、親は背中を向けて楽しそうに生きて、そのうしろ姿を子どもに見せることのほうが大事なのではないでしょうか。**親が楽しそうに生きていれば、自然と子どもは背中を追いかけてきます。周りの人をどう変えるかではなく、自分がどのように生きるか、でしょう。**

自分のつくった「ワク」を外し、「あるがままに受け入れる」と決めてその人との人間関係をつくっていくと、どこにもトラブルはなくなり、自分も周りも楽になります。

099

分けるから苦しい5つのこと。

「勝ち・負け」

「幸・不幸」

「良し・悪し」

「成功・失敗」

「敵・味方」。

みんな、分けられない。

世の中の現象は、実は「分けられない」のかもしれません。特に「勝ち・負け」「幸・不幸」「良し・悪し」「成功・失敗」「敵・味方」の5つは、常に分けるように教育されてきましたが、実は分けられないものではないでしょうか。

ものや現象は、ある方向から見れば「幸せ」や「成功」に見え、また違う方向から見れば「不幸」であり「失敗」になります。見方が変わればまったく違ったものに映るのです。

ですから、すべてのことをそのように分けることに意味はないといえます。

日本人のよさのひとつは、「勝ち・負け」や「良し・悪し」「正義・不正義」などをはっきりさせないところにあるのかもしれません。

正しいか正しくないかを問いかけるよりも、ただ笑顔で穏やかに折り合い、わかり合って生きていくことを宇宙は望んでいるようです。ほかの神さまのことはわかりませんが、日本をつくった宇宙の意思は、日本の建国の礎になった精神的支柱である「和」の心をとても大切にしていると思えます。それで「和」の文字をとって日本を大和（ヤマト）と名づけたようです。

日本に生まれた私たちは、「選ばれた」人間ではなく、戦わないこと、争わないこと、そして笑顔で「和」の心を持って生きることを実践するために生まれてきた存在なのです。

100

〝私〟が笑顔なら、周りの人も笑顔になる。
〝私〟が不機嫌なら、周りの人も不機嫌になる。
〝私〟が投げかけたものが〝私〟を取り囲む。

以前、毎日数百人のお客さまと接するという交通関係者からこんな話を聞いたことがあります。

日によって良いお客さまばかりの日とか、嫌な客ばかりの日だとか、そのように分かれてしまう。日によって客が違うとは思えないが、自分にとっては明らかに「良い客ばかりの日」と「嫌な客ばかりの日」がある。それがなぜなのか、わかった。それは、**自分が心地よくて穏やかで平和な気持ちのときは、かかわってくる人が皆同じような気持ちの人なのだ。**逆に、自分がイライラしているときは、かかわってくる人がそういう人ばかりだから、さらにトゲトゲしくなったり、不機嫌になったりする。どうも自分のその日の気分に〝同調〟するお客さんが自分にかかわってくるようだ。

宇宙の法則に「投げかけたものが返ってくる」というものがあります。自分は意識していなくても、そのときの気持ちや態度が周りの人たちに伝染したり、同じような波長を持つ人や現象が同調したりして、自分に返ってくるのです。

自分がどのような人、もの、現象に囲まれているかを見ていくと、自分がどのようなものを投げかけているかがわかります。

解説

正観さんからの「最高のプレゼント」

正《せい》観《かん》塾《じゅく》師範代　高《たか》島《しま》亮《りょう》

言葉は贈り物。言葉にはすごい力があります。元気や勇気や安らぎを与えることもできれば、生き方や人生を大きく変えることもある。そんな言葉に出会えたとき、言葉は大きな贈り物（プレゼント）になります。

小林正観さんは、40年以上にわたって人間観察や社会現象の観察を重ね、「宇宙の構造や仕組み」を研究してきました。「宇宙法則」と称するその見方やとらえ方は、数にして2000個にものぼったといいます。

本書は、その膨大な「ものの見方」の中から、主なものを正観さん自らが選び、百の言葉に凝縮して、ひとつひとつについての解釈を解説したものです。『うたし・ごよみ』（1997年、弘園社《こうえんしゃ》）や言葉はがき集『宇宙の微笑み・百言葉』（1999年、英光舎《えいこうしゃ》。）をはじめ、絵葉書やカレンダーの言葉をベースに、２００６年に弘園社から『宇宙を解説◆百言葉』として出版され、今回、多数の強い要望によって復刊されました。この復刊は、多くの人にとって大きなプレゼントとなることでしょう。

正観さんは「見方道《みかたどう》」の家元として、60冊に及ぶ著書や年間３００回を超える講演を通じて、楽に、楽しく、幸せに生きるための「ものの見方」や考え方を伝えていました。この**「百言葉」は、著書からの抜粋とは異なり、「見方道」のエッセンスがわかるようにという意図のもと、正観さんが自ら百の言葉にまとめ、その解説とともに集大成したものです**。本書は、いわば正観さんからの百の贈り物が詰まった宝箱です。

ひとつひとつの言葉は、わかりやすくシンプルでありながら、宇宙の法則と、人生の本質と、生き方の極意が詰まった、深い洞察と叡智《えいち》に満ちていて、「見方道」の格好のテキストにもなっています。正観さんの宇宙法則の核となる部分がほぼ網羅されており、「見方道」をコンパクトに学ぶ上でも最適な一冊と言ってもいいかもしれません。

その要点をさらに集約するとしたら、次のようになるでしょう。

「幸も不幸も存在しない。そう思う自分の心があるだけ」「投げかけたものが返ってくる」という宇宙法則のもと、「喜ばれる存在」になるために、「目の前のことをありのま

まに受け入れ」て、「うれしい、たのしい、しあわせ」と喜び、「ありがとう」と「感謝」をしながら、「日常生活」の中で「淡々と、ニコニコと、ひょうひょうと、黙々と」「今、目の前」を大事にして、「実践」を重ねる。

ひとつひとつの言葉は、そのまま実践項目にもなっています。「はじめに」にもあるように、何気なく開いた頁の言葉が最適なヒントになることもあると思いますが、ぜひその言葉を実践してみることをお勧めします。

どんなに素晴らしいことを知っていても、実践しなければ、知らないのと同じです。宇宙法則という縦糸に、実践という横糸を通すことで、自分という布を織り成し、人生のシナリオを生きる。本書は、その全体が見渡せるように、ひとつひとつの布の形を明らかに示してくれています。

そして、実践するのは、常に「今」です。私たちは今に生きる存在であり、今この現在にしか生きることはできません。当たり前のことが淡々と起きている「現在(Present)」は、宇宙からのかけがえのない「プレゼント」の連続。その中で、この**「百言葉」という正観さんからの贈り物を実践できたとき、それはきっと最高のプレゼントになることでしょう。**

[著者紹介]

小林正観 こばやし・せいかん

1948年東京生まれ。中央大学法学部卒。
作家、心学研究家、コンセプター、
デザイナー、SKPブランドオーナー。

学生時代から人間の潜在能力や超常現象などに興味を抱き、独自の研究を続ける。年に約300回の講演依頼があり、全国を回る生活を続けていた。
2011年10月12日永眠。

著書に、「未来の智恵」シリーズ(弘園社)、「笑顔と元気の玉手箱」シリーズ(宝来社)、『淡々と生きる』(風雲舎)、『宇宙が応援する生き方』(致知出版社)、『喜ばれる』(講談社)、『人生は4つの「おつきあい」』(サンマーク出版)、『運命好転十二条』(三笠書房)、『努力ゼロの幸福論』(大和書房)、『みんなが味方になるすごい秘密』(KADOKAWA)、『ありがとうの魔法』(ダイヤモンド社)、『ただしい人から、たのしい人へ』(廣済堂出版)、『神様を味方にする法則』(マキノ出版)、『心を軽くする言葉』『脱力のすすめ』『なぜ、神さまを信じる人は幸せなのか?』『こころの遊歩道』『生きる大事・死ぬ大事』(イースト・プレス)など多数。

[お問い合わせ]

現在は、正観塾師範代の高島亮さんによる「正観塾」をはじめ、茶話会、読書会、合宿など、全国各地で正観さん仲間の楽しく笑顔あふれる集まりがあります。詳しくはSKPまでご連絡ください。

SKP　045-412-1685
小林正観さん公式ホームページ　http://www.skp358.com/
弘園社　上記のSKPにお問い合わせください
宝来社　ホームページ　http://www.358.co.jp/

本書は2006年に株式会社弘園社より出版された
『宇宙を解説◆百言葉』を再編集したものです。
このたびの刊行にご快諾いただいた弘園社社長の
坂本道雄氏に、深く御礼を申し上げます。

宇《う》宙《ちゅう》を解《かい》説《せつ》 百《ひゃく》言《こと》葉《ば》　悩《なや》みが100%消《き》える「ものの見《み》方《かた》」

2018年1月22日 第1刷発行
2024年11月5日 第4刷発行

著者　小《こ》林《ばやし》正《せい》観《かん》

ブックデザイン　福田和雄（FUKUDA DESIGN）

協力　高島 亮

発行人　永田和泉

発行所　株式会社イースト・プレス
〒101-0051
東京都千代田区神田神保町2-4-7 久月神田ビル
TEL 03-5213-4700　FAX 03-5213-4701
https://www.eastpress.co.jp

印刷所　中央精版印刷株式会社

ISBN978-4-7816-1631-5 C0030